Das

# Bürgerliche Gesetzbuch

in seiner Bedeutung für

## die sächsischen Verwaltungsbeamten

insbesondere für die sächsischen Gemeindevertreter.

Von

**Oskar Prölß,**
Landrichter am Königlichen Landgericht Dresden.

Leipzig,
Verlag von Veit & Comp.
1900.

Verlag von Veit & Comp. in Leipzig.

Die
# Zwangsenteignung
nach
## dem im Königreich Sachsen geltenden Recht.

Von

Dr. iur. **Georg Häpe,**
Oberregierungsrat, Professor an der Universität Leipzig.

gr. 8. 1891. geh. 3 ℳ 50 ₰.

---

Bemerkungen zu dem Entwurfe eines Gesetzes
über die
# Verwaltungsrechtspflege.

Von

Dr. iur. **Georg Häpe,**
Oberregierungsrat, Professor an der Universität Leipzig.

gr. 8. 1898. geh. 80 ₰.

Das

# Bürgerliche Gesetzbuch

in seiner Bedeutung für

## die sächsischen Verwaltungsbeamten,

insbesondere für die sächsischen Gemeindevertreter.

Von

**Oskar Prölß,**

Landrichter am Königlichen Landgericht Dresden.

Leipzig,

Verlag von Veit & Comp.

1900.

Druck von Metzger & Wittig in Leipzig.

# Vorwort.

Die vorliegende Druckschrift enthält die Wiedergabe von Vorträgen, die im Oktober 1899 auf Veranlassung des Gemeindetags der Königlichen Amtshauptmannschaften Dresden-Altstadt und -Neustadt gehalten wurden und auf dessen Wunsch hiermit veröffentlicht werden.

Dresden, im November 1899.

**Der Verfasser.**

## Abkürzungen:

D.G.B. = Bürgerliches Gesetzbuch für das deutsche Reich.
S.G.B. = Bürgerliches Gesetzbuch für das Königreich Sachsen.
H.G.B. = Handelsgesetzbuch.
St.G.B. = Strafgesetzbuch.
C.P.O. = Civilprozeßordnung.
W.O. = Wechselordnung.
K.O. = Konkursordnung.
Gew.O. = Gewerbeordnung.
E.G. = Einführungsgesetz.
A.Ges. = Ausführungsgesetz.
V.O. = Verordnung.
A.V.O. = Ausführungsverordnung.

# Inhalt.

Seite

## D. Familienrecht.



## E. Das Erbrecht.

Meine hochgeehrten Herren!

Die Aufgabe, Sie mit den wichtigsten Bestimmungen des am 1. Januar 1900 in Kraft tretenden neuen bürgerlichen Rechts bekannt zu machen, ist, wie Sie wissen, schon vor einiger Zeit behandelt worden. Bereits im Juli 1898 hat Herr Geheimer Justizrat Dr. Börner auf dem sächsischen Gemeindetage zu Plauen die Bedeutung des D.G.B. für die sächsische Gemeindeverwaltung in einem längeren Vortrage erörtert, der dann auch im Druck erschienen ist. Seitdem ist mehr als ein Jahr vergangen und die Gesetzgebungen haben inzwischen die Unebenheiten auf dem Übergangswege vom alten zum neuen Rechte durch zahlreiche Ausführungsbestimmungen weiter ausgeglichen. Bei dem großen Einflusse, den die, nunmehr nahezu abgeschlossene Neuordnung des gesamten deutschen Privatrechts auch auf Ihre Berufsthätigkeit üben wird, haben Sie deshalb beschlossen, sich hierüber von neuem unterrichten zu lassen.

Indem ich die Ehre habe, mich dieser Aufgabe zu unterziehen, gestatte ich mir, zunächst einige allgemeine Bemerkungen über das Verhältnis des künftigen deutschen bürgerlichen Rechts zum sächsischen Verwaltungsrechte vorauszuschicken.

Das deutsche bürgerliche Gesetzbuch vom 18. August 1896 regelt, seiner Zweckbestimmung entsprechend, nur das Privatrecht, nicht aber das öffentliche Recht. Hieraus folgt ganz von selbst, daß auch das sächsische Verwaltungsrecht insoweit in Geltung geblieben ist, als es rein öffentlich-rechtliche Bestimmungen enthält. Anders liegt die Frage, insoweit es sich um die privatrechtlichen Vorschriften des sächsischen Verwaltungsrechts handelt. An sich gilt der Grundsatz, daß das spätere Recht, insoweit es Gebiete des früheren ordnet, diesem vorgeht, das frühere Recht also beseitigt. Ferner der, in entsprechendem Umfange anzuwendende Grundsatz, daß das Reichsrecht dem Landesrechte vorgeht. Danach würden also mit der Einführung des D.G.B. sämtliche privatrechtlichen Vorschriften des sächsischen Verwaltungsrechts, gleichviel ob dieses im einzelnen auf Reichs- oder Landesgesetzen beruht, aufgehoben sein. Sollte dieser Erfolg, wie sich ja von selbst verstand, vermieden werden, so bedurfte es ausdrücklicher Vorbehalte. Den Vorbehalt zu Gunsten der Reichsverwaltungsgesetze finden Sie in E.G. Art. 32, wonach überhaupt alle Reichsgesetze in Kraft bleiben, dafern sich nicht aus dem D.G.B. selbst oder aus dem E.G. im besonderen Falle etwas anderes ergiebt. Einen allgemeinen Vorbehalt zu gunsten der Landesverwaltungsgesetze, wie wir ihn in § 3 Nr. 1 der Publikationsverordnung zum S.G.B. hatten, werden Sie dagegen im E.G. zum D.G.B. vergeblich suchen. In dieser Richtung sind vielmehr, wie Sie später sehen werden, im dritten Abschnitte des E.G. (Art. 55 ff.) eine große Anzahl Einzelvorbehalte gemacht worden. Indessen will ich sogleich zu Ihrer Beruhigung hinzufügen, daß infolge dieser Vorbehalte auch hier, wenigstens im großen und ganzen, alles beim alten geblieben ist.

Als zweite Vorbemerkung wird sich eine kurze Aufzählung der hauptsächlichsten Gesetze und Verordnungen empfehlen, die gleichzeitig mit dem D.G.B. und dem zugehörigen E.G. in Kraft treten.

a) Aus der **Reichsgesetzgebung** kommen in Betracht:

1. Die im Anschlusse an § 482 Abs. 2 des D.G.B. erlassene Verordnung, betr. die **Hauptmängel und Gewährsfristen beim Viehhandel**, vom 27. März 1899;

2. die Gesetze zur **Abänderung des Gerichtsverfassungsgesetzes**, der **Civilprozeßordnung** nebst Einführungsgesetz, der **Konkursordnung** nebst Einführungsgesetz und des Anfechtungsgesetzes, verbunden mit dem Gesetze vom 17. Mai 1898 über die — am 20. Mai 1898 erfolgte — Bekanntmachung der Texte jener und einiger anderer Reichsgesetze;

3. das Gesetz über die **Zwangsversteigerung und Zwangsverwaltung** nebst Einführungsgesetz, die **Grundbuchordnung** und das Gesetz über die **Angelegenheiten der freiwilligen Gerichtsbarkeit** in der nach dem Gesetze vom 17. Mai 1898 bekannt gemachten Fassung vom 20. Mai 1898;

4. das **Handelsgesetzbuch** nebst Einführungsgesetz vom 10. Mai 1897;

5. das **Hypothekenbankgesetz** vom 13. Juli 1899;

6. die Bekanntmachung, betr. Vorschriften zur **Ausführung des Gesetzes über die Beurkundung des Personenstandes und die Eheschließung**, vom 25. März 1899.

b) Aus der sächsischen Gesetzgebung sind zu nennen:

1. Das Ausführungsgesetz vom 18. Juni 1898 und die Ausführungsverordnungen vom 6., 24. und 25. Juli 1899;

2. die Ausführungsverordnung des Gesetzes über die Beurkundung des Personenstandes und die Eheschließung, vom 12. Juli 1899;

3. die Ausführungsverordnung zur Grundbuchordnung, vom 26. Juli 1899;

4. das Gesetz, den Ersatz von Wildschaden und die Rechtsfähigkeit der Jagdgenossenschaft betr., vom 28. Mai 1898;

5. das Gesetz, einige Abänderungen der revidierten Gesindeordnung u. s. w. betr., vom 31. Mai 1898;

6. das Gesetz zur Abänderung des Allgemeinen Berggesetzes u. s. w. betr., vom 20. Juni 1898.

Ich wende mich nun meiner eigentlichen Aufgabe zu und werde, indem ich der Einteilung des D.G.B. folge, zuerst

## A. den allgemeinen Teil

behandeln.

I. Das D.G.B. unterscheidet, wie unser sächsisches Recht, zwischen natürlichen und juristischen Personen.

a) Die natürliche Person, der Mensch, wird, von mehreren auf dem Gebiete des Familien- und Erbrechts liegenden Ausnahmen hinsichtlich der Leibesfrucht und des Nacherben abgesehen, mit der Vollendung der Geburt rechtsfähig (§ 1, vgl. §§ 1923 Abs. 2, 1963, 2141, 2043, 2162 Abs. 2, 2178, ferner 2101, 2105 Abs. 2, 2106 Abs. 2, auch §§ 1912, 1913, 844 letzter Satz). D. h. er wird von diesem Zeitpunkte an fähig, Subjekt von Rechten und Verbindlichkeiten zu sein, also z. B. als Grundstücksbesitzer eingetragen und als solcher für die Grundstücksschulden haftbar gemacht zu werden, oder Erbe und als solcher mit Vermächtnissen beschwert zu sein. Selbstverständlich ist aber ein Mensch damit, daß er rechtsfähig geworden ist, noch nicht geschäftsfähig, d. h. fähig, mit rechtlicher Wirkung Rechtsgeschäfte vorzunehmen, z. B. Grundstückskäufe abzuschließen oder Erbschaften anzunehmen oder auszuschlagen. Die Geschäftsfähigkeit tritt vielmehr erst mit der Volljährigkeit ein, und zwar wie bisher, mit der Vollendung des einundzwanzigsten Lebensjahres (§§ 2, 104, 187 Abs. 2 Schlußsatz; S.G.B. § 47). Indessen kann — in Sachsen durch das Justizministerium und nicht mehr durch den Landesherrn — schon vor diesem Zeitpunkte ein Minderjähriger, der das achtzehnte Lebensjahr vollendet hat, unter gewissen Voraussetzungen für volljährig und damit für geschäftsfähig erklärt werden (§§ 3, 4, 5, E.G. Art. 147 Abs. 1, 153, sächsische A.V.O. vom 24. Juli 1899 § 14 und vom 25. Juli 1899 § 4; Gesetz über die Angelegenheiten der freiwilligen Gerichtsbarkeit 1898 § 56; S.G.B. §§ 1967 ff.; wegen der Zuständigkeit des Justizministeriums vgl. noch A.V.O. vom 6. Juli 1899 §§ 34, 35 und vom 24. Juli 1899 § 127). Bis zur Volljährigkeit ist die Geschäftsfähigkeit des Minderjährigen entweder vollständig ausgeschlossen oder aber in der Weise beschränkt, daß er zu Rechtsgeschäften, durch die er nicht lediglich einen rechtlichen Vorteil erlangt, der Einwilligung seines gesetzlichen Vertreters bedarf (§ 107; S.G.B. § 787). Völlig geschäftsunfähig (§ 104; S.G.B. § 81) ist

1. wer noch im Kindesalter steht, d. h. das siebente Lebensjahr nicht vollendet hat;

2. wer sich dauernd (nicht etwa infolge von Trunkenheit oder von sonstigen vorübergehenden Umständen) in einem die freie Willensbestimmung ausschließenden Zustande krankhafter Störung der Geistesthätigkeit befindet, und

3. wer wegen Geisteskrankheit entmündigt ist.

Beschränkt geschäftsfähig ist:

1. wer zwar das siebente Lebensjahr vollendet hat, aber noch minderjährig ist (§ 106), und

2. wer wegen Geistesschwäche, Verschwendung und Trunksucht entmündigt oder unter vorläufige Vormundschaft gestellt ist (§§ 6, 114, 1906, E.G. Artt. 155, 156). Bezüglich der Entmündigung wegen Verschwendung wird Sie interessieren, daß das Recht, darauf anzutragen, auch in Zukunft der Gemeinde zusteht, in welcher der zu Entmündigende seinen Wohnsitz oder Unterstützungswohnsitz hat (C.P.O. § 680 Abs. 5; sächsisches Gesetz vom 20. Februar 1882 § 81b Abs. 2).

Die Rechtsfähigkeit und mit ihr zugleich die Geschäftsfähigkeit erlischt mit dem Tode oder mit der Todeserklärung. Die Fristen, nach deren Ablauf ein Verschollener für tot erklärt werden kann, sind, der gesteigerten Entwickelung unseres heutigen Nachrichtendienstes entsprechend, wesentlich verkürzt worden. Die regelmäßige Frist beträgt nicht mehr, wie nach sächsischem Rechte, zwanzig, sondern nur noch zehn Jahre (§ 14 Abs. 1; S.G.B. § 38). Die Todeserklärung darf jedoch nicht vor dem Schlusse des Jahres erfolgen, in welchem der Verschollene das einunddreißigste Lebensjahr vollendet hätte. Dagegen kann ein Verschollener, der das siebzigste Lebensjahr vollendet haben würde, wie bisher, schon nach fünf Jahren für tot erklärt werden (§ 14 Abs. 2; S.G.B. § 39). Die Frist für die Todeserklärung eines im Kriege oder in besonderer Lebensgefahr anderer Art (z. B. bei einem

Theaterbrande, bei einer Überschwemmung) Verschollenen ist von fünf auf drei Jahre herabgesetzt worden (§§ 15, 17; S.G.B. §§ 40, 41). Ein bei einer Seefahrt Verschollener kann bereits nach einem Jahre für tot erklärt werden (§ 16; S.G.B. § 41). Die Todeserklärung begründet, unserem bisherigen Rechte entsprechend, bis zum Beweise des Gegenteils die Vermutung, daß der Verschollene zu dem Zeitpunkte gestorben ist, welcher in dem die Todeserklärung aussprechenden Urteile festgestellt ist (§ 18, C.P.O. § 960 ff.; S.G.B. § 44). Sind mehrere in einer gemeinsamen Gefahr umgekommen, so wird vermutet, daß sie gleichzeitig gestorben seien (§ 20). Für die Übergangszeit ist durch E.G. Artt. 158 bis 162 Vorsorge getroffen worden.

b) Die juristischen Personen zerfallen nach dem D.G.B. in Vereine und Stiftungen.

1. Was die Vereine betrifft, so erlangen solche, deren Zweck auf einen wirtschaftlichen Geschäftsbetrieb gerichtet ist, also z. B. die im Plauen'schen Grunde üblichen Jugend-Begräbniskassenvereine, die Rechtsfähigkeit durch staatliche Genehmigung, deren Erteilung in Sachsen dem Ministerium des Innern freisteht (§§ 22, 33 Abs. 2, sächsische A.V.O. vom 6. Juli 1899 § 2). Eine Ausnahme machen nur diejenigen Vereine, deren Rechtsverhältnisse durch Reichsgesetze geregelt sind, demnach die Handelsgesellschaften, Erwerbs- und Wirtschaftsgenossenschaften, Gesellschaften mit beschränkter Haftung und die Hilfskassen.

Von den wirtschaftlichen Vereinen sondert das D.G.B. die sog. idealen, d. h. solche Vereine, die gemeinnützige, wohlthätige, gesellige, wissenschaftliche und künstlerische Zwecke verfolgen. Diese Vereine werden rechtsfähig mit der Eintragung in das Vereinsregister des zuständigen Amtsgerichts (§§ 21, 55, 71). Hierbei ist folgendes zu beachten. Entspricht die Anmeldung den Erfordernissen des Gesetzes (§§ 56 bis 59), so hat das Amtsgericht sie zunächst der Verwaltungsbehörde mitzuteilen, und zwar in Städten mit revidierter Städteordnung dem Stadtrate, im übrigen der Amtshauptmannschaft (§ 61 Abs. 1, sächsische A.V.O. vom 6. Juli 1899 § 3). Der Verwaltungsbehörde steht das Recht zu, gegen die Eintragung Einspruch zu erheben, wenn der Verein nach dem öffentlichen Vereinsrecht unerlaubt ist oder verboten werden kann, oder wenn er einen politischen, sozialpolitischen oder religiösen Zweck verfolgt (§§ 61 Abs. 2, 71). Macht die Verwaltungsbehörde von diesem Rechte Gebrauch, so hat das Amtsgericht den Einspruch dem Vorstande des Vereins mitzuteilen. Der Einspruch kann im Wege des Verwaltungsstreitverfahrens oder, wo ein solches nicht besteht, im Wege des Rekurses nach §§ 20, 21 der Gewerbeordnung angefochten werden (§ 62). Die Zuständigkeit und das Verfahren richten sich in diesem Falle nach dem Gesetze D, das Verfahren in Administrativjustizsachen betr., vom 30. Januar 1835 und nach dem Gesetze, die Verminderung der Instanzen im Administrativjustizverfahren betr., vom 5. Januar 1870. Die Klage ist gegen die Behörde anzustrengen, die den Einspruch erhoben hat. Die Entscheidung erfolgt durch eine andere, von der Kreishauptmannschaft besonders beauftragte untere Verwaltungsbehörde ihres Regierungsbezirkes (sächsische A.V.O. vom 6. Juli 1899 § 4). Die Eintragung darf, sofern nicht die Verwaltungsbehörde dem Amtsgerichte mitteilt, daß Einspruch nicht erhoben werde, erst geschehen, wenn seit der Mitteilung der Anmeldung an die Verwaltungsbehörde sechs Wochen verstrichen sind (§ 63). Mit der Eintragung erhält der Name des Vereins den Zusatz „eingetragener Verein" (§§ 65, 57).

Für **beide** Gattungen Vereine, also sowohl für diejenigen, welche wirtschaftlichen Zwecken dienen, als auch für diejenigen, welche ideale Ziele haben, enthält das D.G.B. in den §§ 24 bis 53 eine Anzahl, zum Teil von dem bisher geltenden Rechte (S.G.B. §§ 52 ff.) abweichende Vorschriften, von denen ich jedoch nur die wichtigsten anführen will.

Als Sitz des Vereins gilt in der Regel der Ort, an welchem die Verwaltung geführt wird (§ 24). Der Verein muß einen Vorstand haben, der aus mehreren Personen bestehen kann. Der Vorstand vertritt den Verein gerichtlich und außergerichtlich; er hat die Stellung eines gesetzlichen Vertreters. Der Umfang seiner Vertretungsmacht kann aber durch die Satzung mit Wirkung gegen Dritte beschränkt werden. Besteht der Vorstand aus mehreren Personen, so entscheidet bei seinen Beschlüssen im allgemeinen die Mehrheit der erschienenen Vorstandsmitglieder (§§ 28 Abs. 1, 32 Abs. 1). Ebenso beschließt auch die Mitgliederversammlung im allgemeinen nach Stimmenmehrheit. Zu einem Beschlusse, der eine Änderung der Satzung enthält, ist indessen eine Mehrheit von drei Vierteilen der erschienenen Mitglieder, zu einer Änderung des Vereinszweckes die Zustimmung aller Mitglieder erforderlich (§ 33 Abs. 1). Für den Schaden, den der Vorstand, oder ein sonstiger Vertreter des Vereins in Ausführung seiner Obliegenheiten einem Dritten zufügt, ist der Verein als solcher haftpflichtig (§ 31). Der Verein verliert die Rechtsfähigkeit, wenn ihm diese entzogen, oder wenn der Konkurs eröffnet wird (§§ 43 ff., 42). Die Entziehung der Rechtsfähigkeit kann insbesondere erfolgen, wenn der Verein durch einen gesetzwidrigen oder satzungswidrigen Beschluß der Mitgliederversammlung oder durch ein solches Verhalten des Vorstandes das Gemeinwohl gefährdet (§§ 43, 73, 25). Über das hierbei einzuschlagende Verfahren gelten dieselben Vorschriften, wie im Falle des Einspruchs gegen die Eintragung nichtwirtschaftlicher Vereine (§ 44, sächsische A.V.O. vom 6. Juli 1899 §§ 4, 5). Mit der Auflösung des Vereins oder der Entziehung der Rechtsfähigkeit fällt das Vermögen an die durch die Satzung oder durch Beschluß der Mitgliederversammlung bestimmten Personen. Fehlt es an einer derartigen Bestimmung, so wird das Vermögen, wenn der Verein ausschließlich den Interessen seiner Mitglieder diente, unter diese verteilt. Andernfalls erwirbt der Fiskus das Vereinsvermögen. (§§ 45, 46, E.G. Art. 85). Die Entscheidung, wie in diesem Falle das Vermögen in einer den Zwecken des Vereins entsprechenden Weise zu verwenden sei, steht dem Ministerium des Innern zu (A.V.O. vom 6. Juli 1899 § 6).

Auf Vereine, die nicht rechtsfähig sind, finden die Vorschriften über die Gesellschaft Anwendung (§§ 705 ff.). Doch haftet derjenige, der im Namen eines solchen Vereins einem Dritten gegenüber Rechtsgeschäfte vorgenommen hat, hierfür persönlich (§§ 54, 705 ff., vgl. §§ 721, 734). Indessen kann auch der Verein selbst verklagt und gepfändet werden, und er hat insofern dieselbe Stellung, wie ein rechtsfähiger Verein (C.P.O. §§ 49a, 670a).

Über die Rechtsfähigkeit der Jagdgenossenschaften vgl. § 3 des sächsischen Gesetzes, den Ersatz von Wildschaden und die Rechtsfähigkeit der Jagdgenossenschaft betr., vom 28. Mai 1898.

Für Vereine, welche zur Zeit des Inkrafttretens des B.G.B. die Rechtsfähigkeit durch Eintragung in das Genossenschaftsregister erlangt haben, bleiben mit wenigen Ausnahmen die Vorschriften des sächsischen Gesetzes vom 15. Juni 1868, betreffend die juristischen Personen, in Kraft (§§ 70 ff. des genannten Gesetzes, sächsisches A.Ges. vom 18. Juni 1898 § 53, sächsische A.V.O. vom 6. Juli 1899 § 56, E.G. Art. 166, vgl. auch Artt. 162 bis 164). Unberührt bleiben ferner die Vorschriften der Landesgesetze über die Verfassung solcher Vereine, deren Rechtsfähigkeit auf staatlicher Verleihung beruht (E.G. Art. 82). Danach behält also auch § 18 des sächsischen Gesetzes über das Vereins- und Versammlungsrecht vom 22. November 1850, zu welchem übrigens unter dem 21. Juni 1898 ein Abänderungsgesetz erlassen worden ist, seine Gültigkeit.

2. Zur Entstehung einer rechtsfähigen Stiftung ist, außer dem, an die schriftliche Form gebundenen Stiftungsgeschäfte ausnahmslos die staatliche Genehmigung erforderlich (§§ 80, 81 Abs. 1; S.G.B. §§ 52 ff., 2074 ff.). Diese steht in Sachsen regelmäßig demjenigen Ministerium zu, dem die Aufsicht über die Stiftung obliegt. Die Aufsicht führt, soweit

sich nicht aus der Verordnung vom 7. November 1831 (Nr. 4. E. II) in Verbindung mit § 60 der Verfassungsurkunde vom 4. September 1831 etwas anderes ergiebt, das Kultusministerium (sächsische A.V.O. vom 6. Juli 1899 § 7 Abs. 1). Von demselben Ministerium wird auch die Verfassung der Stiftung geregelt, sofern sie nicht durch das Stiftungsgeschäft bestimmt worden ist (sächsisches A.Ges. vom 18. Juni 1898 § 1). Das betreffende Ministerium kann ferner, wenn die Erfüllung des Stiftungszweckes unmöglich geworden ist oder das Gemeinwohl gefährdet, der Stiftung eine andere Zweckbestimmung geben oder sie ganz aufheben (§ 87). Über den Anfall des Stiftungsvermögens und seine Verwendung im Falle des Erlöschens der Stiftung gilt, abgesehen von der Zuständigkeitsfrage, das gleiche, wie bei den Vereinen (§ 88, sächsische A.V.O. vom 6. Juli 1899 § 7 Abs. 2).

Stiftungen für Zwecke der katholischen Kirche oder für Geistliche oder Kirchendiener dieser Kirche bedürfen nach wie vor zur staatlichen Anerkennung und Erlangung der Rechte juristischer Personen der Genehmigung der Staatsregierung (sächsisches Gesetz, die Ausübung des staatlichen Oberaufsichtsrechtes über die katholische Kirche im Königreiche Sachsen betr., vom 23. August 1876 § 33, E.G. Artt. 86, 87)

II. Unter Rechtsgeschäften werden Willenserklärungen verstanden, die auf die Entstehung, den Untergang oder die Veränderung von Rechten abzielen. Wird der hierauf gerichtete Wille nur von einer Seite erklärt, so liegt ein einseitiges Rechtsgeschäft vor, z. B. eine Kündigung, Mahnung, Aufrechnung. Kommt eine Willenseinigung mehrerer zu stande, so spricht man von einem Vertrage.

Hinsichtlich der Willenserklärungen hat sich das D.G.B. ebenso, wie unser seitheriges Recht (S.G.B. § 815), auf den Boden der sog. Empfangstheorie gestellt. Eine Willenserklärung, die einem Abwesenden gegenüber abgegeben wird, erlangt erst dann Wirksamkeit, wenn sie ihm zugegangen ist. Wird die Willenserklärung bis dahin widerrufen, so ist sie überhaupt ungültig. Dagegen ist es auf die Wirksamkeit der Willenserklärung ohne Einfluß, wenn der Erklärende nach der Abgabe stirbt oder geschäftsunfähig wird (§ 130 Abs. 1 und 2). Es sind dies Bestimmungen, die für Sie nicht unwichtig sein dürften. Denn alle diese Vorschriften finden auch dann Anwendung, wenn die Willenserklärung einer Behörde gegenüber abzugeben ist (§ 130 Abs. 3, vgl. § 143 Abs. 3). Von Interesse dürfte für Sie weiter die Bestimmung sein, daß eine Willenserklärung auch dann als zugegangen gilt, wenn sie nach den allgemeinen Vorschriften der C.P.O. durch Vermittelung eines Gerichtsvollziehers oder im Wege der öffentlichen Zustellung zugestellt worden ist (§ 132, C.P.O. §§ 166 ff., 203 ff.). Ein Verfahren, das sich im gegebenen Falle insbesondere bei Kündigungen empfiehlt. Eine wichtige Neuerung ist ferner, daß eine Willenserklärung durch Irrtum nicht, wie nach sächsischem Rechte, nichtig, sondern anfechtbar gemacht wird (§ 119, vgl. auch §§ 1332, 1333, 2078; S.G.B. § 95). Vorausgesetzt wird dabei nur, daß der Erklärende bei Kenntnis der Sachlage und bei verständiger Würdigung des Falles die Willenserklärung nicht abgegeben haben würde. Die Anfechtung einer Willenserklärung wegen Irrtums muß jedoch unverzüglich, d. h. ohne schuldhaftes Zögern, geschehen (§ 121). Ist sie erfolgt, so hat der Erklärende, also der Irrende, den Schaden zu ersetzen, den der andere bezw. ein dritter dadurch erleidet, daß er auf die Gültigkeit der Erklärung vertraute (§ 122). Es zeigt sich hier so recht deutlich das auch sonst allenthalben zu Tage tretende Bestreben des Reichsgesetzes, Härten im rechtsgeschäftlichen Verkehre nach Möglichkeit auszugleichen. Seinen vornehmsten Ausdruck findet dieses Bestreben in der Vorschrift, daß bei der Auslegung von Willenserklärungen der wirkliche Wille zu erforschen und nicht an dem buchstäblichen Sinne zu haften ist (§ 133; S.G.B. §§ 809 ff.). Ferner in dem Satze, daß Verträge so auszulegen sind, wie Treu und Glauben mit Rücksicht auf die Verkehrssitte es erfordern (§ 157, vgl. §§ 151, 155, 162, 242, 2084; S.G.B. § 858). Und aus demselben Grunde ist auch dem Richter die Befugnis eingeräumt worden, sich unter gewissen Umständen über an sich gültige Vereinbarungen, wenn sie zu hart erscheinen, hinwegzusetzen und Milderungen eintreten zu lassen. So kann z. B. eine an sich verwirkte Konventionalstrafe, die aber nach Lage der Sache offenbar unverhältnismäßig hoch ist, durch Urteil auf einen angemessenen Betrag zurückgeführt werden (§ 343, vgl. aber § 340 Abs. 2 letzter Satz, H.G.B. § 75 Abs. 2; vgl. H.G.B. § 348; S.G.B. § 1430). Dasselbe gilt hinsichtlich der Mäklergebühr für den Fall, daß sie für den Nachweis einer Dienstgelegenheit oder für die Vermittelung eines Dienstvertrages in unverhältnismäßiger Höhe bedungen ist (§ 655).

Greifen diese Gesichtspunkte nicht Platz, so läßt freilich das Reichsgesetz um so größere Strenge walten, wie dies namentlich in den Vorschriften über den Vertragsschluß hervortritt. Wer einem Anderen die Schließung eines Vertrags einmal angeboten hat, kann seine Offerte nicht mehr, wie nach sächsischem Rechte, bis zur Annahmeerklärung durch den Gegner widerrufen, sondern ist schon mit dem Eingange der Offerte bei diesem gebunden (§§ 145, 130; S.G.B. § 816). Auf der anderen Seite kann der einem Anwesenden von Person zu Person oder durch Fernsprecher gemachte Antrag nur sofort angenommen werden, widrigenfalls er als erloschen angesehen wird (§§ 147 Abs. 1, 146; S.G.B. § 817).

Die Annahme eines Antrags, der einem Abwesenden gemacht worden ist, kann dagegen noch bis zu dem Zeitpunkte erfolgen, in welchem der Antragende den Eingang der Antwort unter regelmäßigen Verhältnissen erwarten darf (§ 147 Abs. 2). Hat der Antragende für die Annahme des Antrags eine Frist bestimmt, so kann die Annahme nur innerhalb der Frist erklärt werden (§ 148). Ist eine verspätete Annahmeerklärung so abgesendet worden, daß sie bei regelmäßiger Beförderung rechtzeitig angelangt wäre, und mußte der Antragende dies erkennen, so hat er die Verspätigung dem Annehmenden unverzüglich anzuzeigen. Verzögert er diese Anzeige, so gilt die Annahme als rechtzeitig (§ 149). Die verspätete Annahme eines Antrags gilt als neuer Antrag. Eine Annahme unter Erweiterungen, Einschränkungen oder sonstigen Änderungen gilt als Ablehnung verbunden mit einem neuen Antrage (§ 150). Dieser Verschärfung der Vorschriften über den Vertragsschluß entspricht auch die Vermehrung der Fälle, in denen für Verträge die schriftliche Form vorgeschrieben ist. So bedarf ein Mietvertrag über ein Grundstück, der für längere Zeit als ein Jahr geschlossen wird, der Schriftlichkeit. Wird diese Form nicht beobachtet, so gilt der Vertrag als für unbestimmte Zeit geschlossen, wennschon die Kündigung nicht für eine frühere Zeit, als für den Schluß des ersten Jahres, zulässig ist (§ 566, vgl. auch § 581 Abs. 2). Auch zur Gültigkeit eines Vertrags, durch den eine Leibrente versprochen wird, ist in der Regel schriftliche Erteilung des Versprechens erforderlich (§ 761). Ebenso verhält es sich mit dem Schuldversprechen (§ 780) und mit dem Schuldanerkenntnis (§ 781, vgl. § 782). Ingleichen ist ein Bürgschaftsvertrag nur bindend, wenn die Bürgschaftserklärung schriftlich erfolgt (§ 766). Selbst die Annahme einer Anweisung kann mit rechtlicher Wirkung nur durch einen schriftlichen Vermerk auf der Anweisung geschehen (§ 784 Abs. 2). Gerichtliche oder notarielle Beurkundung ist wesentliches Erfordernis für einen Vertrag, durch den sich der eine Teil verpflichtet, sein gegenwärtiges Vermögen oder einen Bruchteil davon zu übertragen oder mit einem Nießbrauche zu belasten (§ 311; vgl. S.G.B. § 1053). Ferner für einen Vertrag, der unter künftigen gesetzlichen Erben über den gesetzlichen Erbteil oder den Pflichtteil eines von ihnen geschlossen wird (§ 312 Abs. 2, vgl. S.G.B. § 2563). Für einen Vertrag, durch den sich der eine Teil verpflichtet, das Eigentum an einem Grundstücke zu übertragen (§ 313; vgl. aber Satz 2). Für einen Vertrag, durch den eine Leistung schenkungsweise versprochen wird (§ 518 Abs. 1, vgl. aber Abs. 2, s. auch §§ 780, 781). Endlich für den Erbverzicht (§ 2348) und den Erbschaftskauf (§ 2371). Wird ein Vertrag gerichtlich oder notariell beurkundet, ohne daß beide

Teile oder ihre Vertreter gleichzeitig anwesend sind, so gilt er bereis mit der Beurkundung der Annahmeerklärung als geschlossen, wenn auch diese dem Antragenden noch gar nicht zugegangen ist (§§ 152, 128). Gleichzeitige Anwesenheit beider Teile bezw. ihrer Vertreter vor Gericht oder einem Notar ist jedoch erforderlich beim Abschluß eines Ehevertrags (§ 1434), eines Vertrags über die Annahme an Kindesstatt (§ 1750 Abs. 2), eines Erbvertrags (§ 2276) und bei der Auflassung (vgl. §§ 925 Abs. 1, 1015, sächsisches A.Ges. vom 18. Juni 1899 § 13).

Eine gesonderte Stellung mit Rücksicht auf den Vertragsschluß nimmt die Versteigerung ein (vgl. §§ 383 ff., 461, 489, 753, 935 Abs. 2, 966 Abs. 2, 979 ff., 1219 ff., 1235 ff.). Abweichend vom sächsischen Rechte kommt nämlich bei einer Versteigerung der Vertrag erst durch den Zuschlag zustande (§ 156; S.G.B. § 819). — Ich darf hier wohl einschalten, daß die öffentliche Anstellung von Versteigerern beweglicher Sachen, soweit hierzu ein Bedürfnis vorliegt, in Städten mit revidierter Städteordnung dem Stadtrat, im übigen aber den Amtshauptmannschaften zusteht (sächsische A.V.O. vom 6. Juli 1899 § 9). Im übrigen sind für die Vornahme und Beurkundung öffentlicher freiwilliger Versteigerungen von beweglichen Sachen, von Forderungen und Rechten, von Früchten auf dem Halme und von Holz auf dem Stamme künftig die Ortsgerichtspersonen zuständig, die hierbei stets zu zweit thätig zu werden haben (sächsische A.V.O. vom 24. Juli 1899 § 96 Abs. 2 Nr. 2, § 100 Abs. 1). Die Vorschriften über die dienstliche Stellung der Ortsgerichtspersonen sind in §§ 57 ff. der sächsischen A.V.O. vom 25. Juli 1899 zusammengefaßt. Die Ernennung der Ortsgerichtspersonen steht in der Regel den Vorständen der Amtsgerichte zu. Zu Ortsgerichtspersonen sollen nur solche Bezirkseingesessene ernannt werden, die das fünfundzwanzigste Lebensjahr vollendet haben. Von mehreren für denselben Bezirk ernannten Ortsgerichtspersonen führt, je nach dem Herkommen der einzelnen Orte, die erste die Dienstbezeichnung als Lokal- oder Ortsrichter, die übrigen als Vizelokalrichter, Vizeortsrichter oder als Gerichtsschöppe. Dienstbehörde der Ortsgerichtspersonen ist der Vorstand des Amtsgerichts, oberste Dienstbehörde das Justizministerium.

III. Eine Willenserklärung kann, wie Sie wissen, auch durch einen Vertreter und ihm gegenüber abgegeben werden. Das D.G.B. unterscheidet gleich dem sächsischen Rechte zwischen Vertretung mit Vertretungsmacht, insbesondere mit Vollmacht, und Vertretung ohne Vertretungsmacht (vgl. §§ 662 ff., 677 ff.; S.G.B. §§ 788 ff.).

a) Eine Willenserklärung, die von einem Vertreter innerhalb seiner Vertretungsmacht im Namen des Vertretenen abgegeben wird oder einem solchen Vertreter gegenüber erfolgt, wirkt unmittelbar für und gegen den Vertretenen (§§ 164 und 165, vgl. aber § 131) Eine Ausnahme macht das Reichsgesetz nur hinsichtlich der Vornahme eines einseitigen Rechtsgeschäftes, z. B. einer Kündigung oder Mahnung, durch einen Bevollmächtigten. Ein derartiges Rechtsgeschäft ist unwirksam wenn der Vertreter eine Vollmachtsurkunde nicht vorlegt und der Andere das Rechtsgeschäft aus diesem Grunde unverzüglich zurückweist (§ 174, vgl. aber den Schlußsatz).

b) Schließt jemand ohne Vertretungsmacht im Namen eines Anderen einen Vertrag, so hängt die Wirksamkeit für und gegen den Vertretenen von dessen Genehmigung ab (§ 177 Abs. 1). Bis dahin ist der andere Teil zum Widerrufe berechtigt, den er sowohl dem Vertretenen, als auch dem Vertreter gegenüber erklären kann (§ 178). Wird die Genehmigung verweigert, so ist der Vertreter dem andern Teile nach dessen Wahl zur Erfüllung oder zum Schadensersatze verpflichtet (§ 179 Abs. 1, anders im Falle des Abs. 3, vgl. auch Abs. 2). Bei einem einseitigen Rechtsgeschäft ist Vertretung ohne Vertretungsmacht in der Regel unzulässig (§ 180).

Das Kontrahieren mit sich selbst ist gleichfalls unwirksam, es sei denn, daß das Rechtsgeschäft ausschließlich in der Erfüllung einer Verbindlichkeit besteht (§ 181, vgl. § 1795 Abs. 2).

IV. Auch nach dem neuen Rechte kann selbstverständlich eine Willenserklärung durch Beifügung einer Bedingung oder einer Zeitbestimmung beschränkt werden. Für beide Arten der Beschränkung trifft das D.G.B. im großen und ganzen ähnliche, wenn auch wesentlich einfachere Vorschriften, wie das S.G.B.

a) Die Bedingungen werden künftig nicht mehr, wie seither, nach ihrem Inhalte, sondern lediglich danach geschieden, ob sie aufschiebend oder auflösend sind. Wird ein Rechtsgeschäft unter einer aufschiebenden Bedingung vorgenommen, so tritt die davon abhängig gemachte Wirkung mit dem Eintritte der Bedingung ein. Wird es unter einer auflösenden Bedingung vorgenommen, so endigt mit ihrem Eintritte die Wirkung des Rechtsgeschäfts (§ 158; S.G.B. §§ 108 ff., 871 ff.). Z. B. eine Gemeinde kauft einen Zuchtbullen nur für den Fall, daß er auf einer bevorstehenden Viehausstellung einen Preis erhält. Dann ist der Kauf aufschiebend bedingt und die Gemeinde zur Bezahlung des Kaufpreises sowie zur Abnahme des Bullen (§ 433 Abs. 2) nur dann verpflichtet, wenn seine Auszeichnung wirklich erfolgt. Oder es kauft die Gemeinde den Zuchtbullen etwa unter der Bedingung, daß der für seine Unterbringung in Aussicht genommene Mietstall noch zu haben ist. Hier ist der Kauf auflösend bedingt, d. h. er tritt sogleich in Kraft, kann aber von der Gemeinde für unwirksam erklärt werden, wenn sich herausstellt, daß der erwähnte Stall nicht mehr mietfrei ist.

b) Ebenso einfach ist auch die Behandlung der Zeitbestimmung. Ist für die Wirkung eines Rechtsgeschäfts bei dessen Vornahme ein Anfangstermin bestimmt, so gilt es als aufschiebend bedingt. Ist ein Endtermin bestimmt, so finden die Vorschriften über die auflösende Bedingung entsprechende Anwendung (§ 163; S.G.B. § 115). Z. B. es schenkt jemand einer Gemeinde die Zinsen eines Kapitals von einem bestimmten Zeitpunkte ab oder bis zu einem bestimmten Zeitpunkte.

Unzulässig ist die Beifügung einer Bedingung oder Zeitbestimmung bei der Aufrechnung (§ 388), der Auflassung (§ 925 Abs. 2), der Eheschließung (§ 1317 Abs. 2), der Anerkennung, Ehelichkeitserklärung und Adoption eines Kindes (§§ 1598 Abs. 2, 1724, 1742, 1768 Abs. 1), bei der Annahme und Ausschlagung einer Erbschaft oder eines Vermächtnisses (§§ 1947, 2180 Abs. 2) und bei der Annahme oder Ablehnung des Amtes als Testamentsvollstrecker (§ 2202 Abs. 2).

V. Für die Berechnung der in Gesetzen, gerichtlichen Verfügungen und Rechtsgeschäften gestellten Fristen und Termine enthält das D.G.B. in den §§ 187 bis 193 eine Reihe Auslegungsvorschriften. Ich möchte davon nur folgende, auf Antrag der Reichtagskommission angefügte Bestimmung hervorheben: Ist an einem bestimmten Tage oder innerhalb einer Frist eine Willenserklärung abzugeben oder eine Leistung zu bewirken, und fällt der bestimmte Tag oder der letzte Tag der Frist auf einen Sonntag oder Feiertag, so tritt an die Stelle des Sonn- oder Feiertags der nächstfolgende Werktag (§ 193). Welche Tage als Feiertage zu gelten haben, sagt der Reichsgesetzgeber nicht. Nur hinsichtlich des Charfreitags ist kürzlich ein Reichsgesetz verabschiedet worden. Dagegen finden Sie in § 8 der sächsischen A.V.O. vom 6. Juli 1899 die Bestimmung, daß außer dem Charfreitage, als allgemeine Feiertage im Sinne des bürgerlichen Rechts und der Vorschriften über das gerichtliche Verfahren, wie bisher, anzusehen sind:

der 1. und 6. Januar, der Oster- und Pfingstmontag, der Himmelfahrtstag, der 31. Oktober, der 25. und 26. Dezember und die beiden Bußtage.

Ist von den Parteien aus bestimmten Gründen die Vornahme einer Leistung gerade für einen Sonn- oder Feiertag ausdrücklich festgesetzt worden, so ist sie natürlich trotz der genannten Bestimmung an diesem Tage zu bewirken. Hat jemand z. B. für den ersten Weihnachtsfeiertag einen Schlitten gemietet, so ist der Fuhrwerksbesitzer nicht berechtigt, den Schlitten erst am nächsten Werktage zu schicken.

VI. Von den Vorschriften über die Verjährungsfristen wird es genügen, nur die hauptsächlichsten aufzuführen.

a) In zwei Jahren verjähren u. a. die Ansprüche:

1. Der Kaufleute, Fabrikanten und Handwerker für gelieferte Waren und Arbeiten;

2. der Land- und Forstwirte für gelieferte Erzeugnisse;

3. der Lotteriekollekteure für den Vertrieb von Loosen;

4. der Gastwirte für gewährte Wohnung und Kost;

5. der Ärzte, Rechtsanwälte, Lehrer und Privatbeamten wegen ihres Honorars und ihrer Gebühren;

6. der gewerblichen Arbeiter, Tagelöhner und Handarbeiter wegen ihres Lohnes;

7. der Unterrichts-, Erziehungs-, Verpflegungs- und Heilanstalten für Gewährung von Unterricht, Verpflegung oder Heilung.

Soweit die zu 1. bis 3. erwähnten Ansprüche aus Lieferungen für den Gewerbebetrieb des Schuldners erwachsen sind, verjähren sie erst in vier Jahren (§ 196; S.G.B. § 1017).

b) In vier Jahren verjähren ferner:

1. Die Ansprüche auf rückständige Zinsen, Renten, Auszugsleistungen, Miet-, Pachtzinsen, Besoldungen, Wartegelder, Ruhegehälter, Unterhaltsbeiträge und andere regelmäßig wiederkehrende Leistungen (§ 197).

2. Die Ansprüche des Staates, der Kirchen, der Gemeinden, sowie anderer Kommunalverbände wegen Gebühren und Auslagen, sowie die Ansprüche auf Rückerstattung solcher Gebühren und Auslagen (sächsisches A.Ges. vom 18. Juni 1898 § 2).

c) Außerdem finden sich noch an vielen Stellen des D.G.B. besondere Vorschriften über die Verjährungsfristen eingestreut, deren Aufzählung Sie jedoch ermüden würde (vgl. §§ 477, 490, 532, 558, 606, 638, 639, 786, 801, 804, 852, 1057, 1093 Abs. 1, 1226, 1302, 1623, 1715 Abs. 3, 1974, 2287 Abs. 2 und 2332).

d) Sind die zu a), b) und c) genannten Ansprüche durch Urteil, Vergleich oder Feststellung im Konkurse rechtskräftig festgestellt worden, so verjähren sie, wie alle übrigen Ansprüche, in dreißig Jahren (§§ 195, 218, 219; S.G.B. §§ 150, 1016). Dasselbe gilt für Ansprüche, die vor einem Schiedsgericht oder einem besonderen Gericht, vor einem Verwaltungsgericht oder einer Verwaltungsbehörde durch Urteil oder Vergleich erledigt worden sind (§ 220). Nur soweit sich die Feststellung auf regelmäßig wiederkehrende, erst künftig fällig werdende Leistungen bezieht, bewendet es bei den kürzeren Verjährungsfristen.

e) Wie nach sächsischem Rechte, so ist auch nach dem D.G.B. eine Abkürzung der Verjährungsfristen durch Rechtsgeschäft allgemein zulässig (§ 225; S.G.B. § 152). Dagegen gestattet das D.G.B. abweichend vom S.G.B. eine Verlängerung der Verjährungsfristen nur in gewissen Ausnahmefällen (vgl. § 477 Abs, 1, 638 Abs. 2 und 801 Abs. 3).

f) Keiner Verjährung sind unterworfen die Ansprüche:

1. Auf Herstellung eines familienrechtlichen Verhältnisses für die Zukunft (§ 194 Abs. 2; S.G.B. § 151);

2. auf Aufhebung der Gemeinschaft (§§ 758, 2042 Abs. 2; S.G.B. § 151). ferner

3. die Ansprüche aus eingetragenen Rechten (§ 902; S.G.B. §§ 151, 462) und

4. die in den §§ 898 und 924 genannten Ansprüche auf Berichtigung des Grundbuchs, der Grundstücksgrenzen u. s. w.

g) Neben der Verjährung kennt das D.G.B. nur noch die Mobiliarersitzung (§§ 937 ff., s. unten C. IV. c.) und die sog. Tabularersitzung (§ 900, vgl. auch § 927; s. unten C. V.), während die unvordenkliche Verjährung beseitigt ist.

h. Für die Übergangszeit trifft E.G. Art. 169 Vorsorge.

VII. Ich hatte bereits Gelegenheit, darauf hinzuweisen, wie im D.G.B. überall die Absicht hervortritt, Härten im Rechtsverkehre nach Möglichkeit zu mildern (s. oben unter II). So stellt denn auch das D.G.B. den Vorschriften über die Selbsthilfe, den auf Antrag des Reichstags aufgenommenen Satz voraus, daß die Ausübung eines Rechts unzulässig ist, wenn sie offenbar nur die Schädigung eines Andern, Chikane, bezweckt (§ 226; vgl. auch §§ 251 Abs. 2, 826, 829, 905, 910 Abs. 2, 997 Abs. 2, 1353 Abs. 2 ff.; S.G.B. § 118). So werden ferner die, jenem Satze folgenden Vorschriften über die Selbsthilfe von der Bestimmung beherrscht, daß der Handelnde zum Schadensersatze verpflichtet ist, wenn er die den Anlaß zu seinem Vorgehen bildende Gefahr selbst verschuldete, oder wenn er die Selbsthilfe irrtümlich für erlaubt hielt (§§ 228, 231; S.G.B. §§ 179, 180). Erlaubt ist die Selbsthilfe, abgesehen von den Fällen der Notwehr und des Notstandes (§§ 227, 228), nur dann, wenn obrigkeitliche Hilfe nicht sofort zu erlangen und Gefahr im Verzuge ist (§ 229, vgl. auch §§ 561, 858, 859, 904, 1029, 1090 Abs. 2; S.G.B. §§ 179, 180). Liegen diese Voraussetzungen vor, so kann die Selbsthilfe, je nach Lage des Falles, sowohl durch Wegnahme, Zerstörung und Beschädigung fremder Sachen, als auch durch Festnahme eines Fluchtverdächtigen ausgeübt werden. In letzterem Falle ist aber der Fluchtverdächtige, sofern er nicht wieder in Freiheit gesetzt wird, unverzüglich dem Gerichte vorzuführen und der persönliche Sicherheitsarrest zu beantragen (§ 230

Abs. 3, C.P.O. §§ 918 ff.). Das nach S.G.B. §§ 488 ff., 586 verb. mit §§ 9, 10, der E.- und A.V.O. für das S.G.B. zum Schutze der Grundstücke und seiner Erzeugnisse begründete Selbsthilferecht durch Pfändung von Sachen ist durch E.G. Art. 89 in Kraft erhalten worden (vgl. auch Forst- und Feldstrafgesetz vom 24. April 1894 Artt. 8 ff., 23 Abs. 2; s. unten C. I. f.).

VIII. Wesentliche Neuerungen enthalten die Bestimmungen des D.G.B. über die Sicherheitsleistung. Geeignet zur Sicherheitsleistung sind künftig von Wertpapieren nur solche, die auf den Inhaber lauten, einen Kurswert haben und einer Gattung angehören, in der die Anlegung von Mündelgeld geschehen darf (§§ 234 Abs. 1, 1807 Nr. 4 und 5; S.G.B. §§ 136 ff). Neu ist auch die Vorschrift, daß mit Wertpapieren, Buchforderungen gegen das Reich oder einen Bundesstaat nur in Höhe von drei Vierteilen des Kurswertes Sicherheit geleistet werden kann (§§ 232, 234 Abs. 3, 236). Sie werden daher zu prüfen haben, ob hiernach hinsichtlich der Ihren Verwaltungen gestellten Kautionen Änderungen, insbesondere Erhöhungen der in Wertpapieren hinterlegten Beträge stattzufinden haben (vgl. E.G. Art. 90). Aufmerksam zu machen ist weiter darauf, daß mit der Hinterlegung ein Pfandrecht an dem hinterlegten Gelde oder an den hinterlegten Wertpapieren erlangt wird (§§ 233, 235, 240, 1204 ff., 1257, 1296, 372 ff., sächsisches A.Ges. vom 18. Juni 1898 § 4).

IX. Endlich habe ich noch einer bedeutsamen Neuerung des D.G.B. zu gedenken, die gleichfalls im Allgemeinen Teile Platz gefunden hat, nämlich des Schutzes für das Namensrecht. Wird das Recht zum Gebrauche eines Namens dem Berechtigten von einem Anderen bestritten, oder wird das Interesse des Berechtigten dadurch verletzt, daß ein Anderer unbefugt den gleichen Namen gebraucht, so kann der Berechtigte von dem Anderen Beseitigung der Beeinträchtigung verlangen. Sind weitere Beeinträchtigungen zu besorgen, so kann er sogar auf Unterlassung klagen (§ 12, vgl. §§ 1355, 1577, 1616, 1706, 1758, sächsische A.V.O. vom 6. Juli 1899 § 1). Demselben Gedanken ist auch die Vorschrift entsprungen, daß sich der Name eines eingetragenen Vereins von denjenigen der an demselben Orte oder in derselben Gemeinde bestehenden eingetragenen Vereine deutlich unterscheiden soll (§§ 57 Abs. 2, 64 ff.; vgl. H.G.B. § 30, Abs. 1, Markenschutzgesetz vom 12. Mai 1894 § 12, Gesetz gegen den unlauteren Wettbewerb vom 27. Mai 1896 § 8).

## B. Das Recht der Schuldverhältnisse.

I. Im Gegensatz zum sächsischen Rechte kann künftig Gegenstand eines Schuldverhältnisses auch eine Leistung sein, die kein Vermögensinteresse für den Gläubiger hat (§ 241; S.G.B. § 662). Nur die Forderungen auf Schadensersatz setzen in der Regel eine Vermögensschädigung voraus (§§ 253, 842 ff., vgl. aber § 1300). Indessen bleiben für den Inhalt eines vor dem 1. Januar 1900 entstandenen Schuldverhältnisses ebenso, wie für dessen Entstehung und Umfang, die bisherigen Gesetze maßgebend (E.G. Art. 170).

II. Die Vorschriften über den Ort und die Zeit der Leistung, wofür die zuletzt genannte Übergangsbestimmung gleichfalls Anwendung zu leiden hat, sind in der Hauptsache den entsprechenden Bestimmungen des S.G.B. angepaßt worden.

a) Der Ort, an welchem eine Leistung zu bewirken ist, ist im Zweifel der Wohnsitz des Schuldners zur Zeit der Entstehung des Schuldverhältnisses (§ 269 Abs. 1; S.G.B. § 705). Nur Geldzahlungen hat der Schuldner regelmäßig auf seine Gefahr und Kosten an den Wohnsitz des Gläubigers zu übermitteln (§ 270 Abs. 1). Von dieser letzteren Vorschrift, die übrigens aus dem Handelsrechte herübergenommen worden ist, macht das Gesetz jedoch eine wichtige Ausnahme zu Gunsten der öffentlichen Kassen. Es müssen nämlich nicht nur Zahlungen an eine solche, sondern auch, soweit es sich nicht um Rückzahlung oder Verzinsung eines von der Kasse aufgenommenen Darlehns handelt, Zahlungen aus einer öffentlichen Kasse an dieser bewirkt, bezw. in Empfang genommen werden (E.G. Art. 92; S.G.B. § 709; vgl. auch D.G.B. § 697).

b) Ist die Zeit der Leistung nicht bestimmt, so ist letztere sofort zu bewirken. Anderenfalls wird im Zweifel angenommen, daß der Gläubiger die Leistung nicht vor deren Fälligkeit verlangen, der Schuldner aber sie vorher bewirken kann (§ 271; S.G.B. §§ 711 ff., vgl. auch D.G.B. §§ 695, 696). Bezahlt der Schuldner eine verzinsliche Schuld vor der Fälligkeit, so ist er zu einem Abzuge wegen der Zwischenzinsen nicht berechtigt (§ 272; S.G.B. § 719).

III. Die Höhe der rechtsgeschäftlichen und gesetzlichen Zinsen, mit Einschluß der Verzugszinsen, ist nach den Beschlüssen der Reichstagskommission entgegen der Regierungsvorlage von 5 % auf 4 % herabgesetzt worden (§§ 246, 288; S.G.B. § 677). Man hat dabei dem allmählichen Sinken des Zinsfußes Rechnung getragen, der ja für Kapitalanlagen heute kaum noch auf 4 % zu bemessen ist. Von dem gleichen Standpunkte ausgehend, ist in § 3 des sächsischen A.Ges. vom

18. Juni 1898 die Bestimmung getroffen worden, daß eine Verzinsung von 4 % künftig auch insoweit einzutreten hat, als in bisherigen Gesetzen und Verordnungen, die neben dem D.G.B. in Kraft bleiben, eine Verzinsung zu 5 % vorgeschrieben ist. Ja, es soll diese Herabsetzung vom 1. Januar 1900 an sogar dann Platz greifen, wenn die Verzinsung schon vorher begonnen hat. (Vgl. H.G.B. § 352, wonach auch der gesetzliche Zinsfuß für den Handelsverkehr eine Herabminderung, und zwar von 6 % auf 5 %, erfahren hat.) Das sächsische Gesetz über das Pfandleihgewerbe vom 21. April 1882, welches in § 1 den Pfandleihern einen Zinsgenuß von nur 1 % bezw. 2 % der gewährten Darlehne erlaubt, ist durch E.G. Art. 94 aufrecht erhalten worden. Doch findet dieses Gesetz, wie Sie wissen, auf die von den Gemeinden mit Genehmigung des Ministeriums des Innern errichteten Pfandleihanstalten insoweit keine Anwendung (§ 18 des genannten Gesetzes, vgl. auch Gew.O. §§ 38 Abs. 1, 34 Abs. 2).

Wird die Höhe der Zinsen durch Vertrag besonders festgesetzt, so unterliegt sie auch künftig, dafern nicht die Vorschriften über den Wucher einschlagen, keiner Beschränkung (§§ 246, 138 Abs. 2, 817; E.G. Art. 47, Reichsgesetze vom 24. Januar 1880 und vom 19. Juni 1893; S.G.B. §§ 677, 1540 ff.). Indessen steht dem Schuldner bei Vereinbarung eines höheren Zinssatzes als 6 % das gleiche Kündigungsrecht zu, wie nach dem Bundesgesetz vom 14. November 1867 (§ 247). Dieses Gesetz ist deshalb durch E.G. Art. 39 außer Kraft gesetzt worden. Die in § 682 des S.G.B. enthaltene Bestimmung, daß die Zinsen den Betrag der Hauptforderung übersteigen dürfen, findet sich zwar in dem D.G.B. nicht vor. Sie ist aber auch in das neue Recht übergegangen, da das Gegenteil nicht ausdrücklich ausgesprochen wird. Abweichend vom sächsischen Rechte sind Zinsen von rückständigen Zinsen nach dem D.G.B. nur insoweit verboten, als letztere Verzugszinsen sind (§ 289; S.G.B. § 680, vgl. auch H.G.B. § 353). Dagegen ist eine im voraus getroffene Vereinbarung, daß später fällige Zinsen wieder Zinsen tragen sollen, im allgemeinen nichtig (§ 248 Abs. 1; S.G.B. §§ 679 ff.). Nur Sparkassen, Kreditanstalten und Inhaber von Bankgeschäften können im voraus vereinbaren, daß nicht erhobene Zinsen von Einlagen als neue verzinsliche Einlagen gelten sollen (§ 248 Abs. 2; vgl. auch H.G.B. § 355 Abs. 1).

Zu erwähnen ist noch, daß künftig nicht nur rechtsgeschäftliche, sondern auch gesetzliche Zinsen, mit Einschluß der Verzugszinsen, selbstständig eingeklagt werden können. Und weiter, daß Zinsforderungen jeder Art auch ohne ausdrücklichen Vorbehalt des Gläubigers fortbestehen bleiben, wenn die Hauptforderung getilgt oder auf andere

Weise, als durch Verjährung, erloschen ist (vgl. dagegen S.G.B. §§ 674, 675).

IV. Völlig neu für uns ist die Vorschrift, daß derjenige, der zu einer größeren Rechenschaftsablage verpflichtet ist, bei begründeten Zweifeln über deren Zuverlässigkeit zur Ableistung des Offenbarungseides veranlaßt werden kann (§ 259). Der Eid ist von dem hierzu Verpflichteten dahin zu leisten, „daß er nach bestem Wissen die Einnahmen so vollständig angegeben habe, als er dazu imstande sei.“ Es ist dies ein Hilfsmittel, das namentlich auch den Gemeinden unter Umständen ihren Kassenbeamten gegenüber gute Dienste leisten wird.

V. Die Aufrechnung gegen eine Forderung ist künftig im allgemeinen insoweit unstatthaft, als diese der Pfändung nicht unterworfen ist (§ 394 Satz 1, C.P.O. § 850). Nur gegen die Ansprüche der Beamten auf Besoldung, Wartegeld, Ruhegehalt, Witwen- und Waisengeld — von den gleichen Ansprüchen der Geistlichen und Lehrer sehe ich hier ab — ist nach E.G. Artt. 80, 81 eine weitergehende Aufrechnung in Gemäßheit der Landesgesetze zulässig. Es bleiben daher die Bestimmungen in §§ 12 Abs. 3, 35, 45 Abs. 3 des Civilstaatsdienergesetzes vom 7. März 1835, aber auch die Ortsstatuten der Gemeinden in Kraft, insoweit darin entsprechende Anordnungen enthalten sein sollten. Ob zu dieser Frage die Vorlage Stellung nehmen wird, welche dem Vernehmen nach über die Pensionierung der Gemeindebeamten und die Versorgung ihrer Hinterbliebenen vorbereitet werden soll, bleibt abzuwarten. Das zur Zeit bestehende und vorläufig in Geltung verbleibende Gesetz, die Pensionierung der berufsmäßigen Gemeindebeamten u. s. w. betr., vom 30. April 1890 enthält in dieser Richtung, wie ich schon andeutete, keine Vorschriften. Eine Ausnahme von der zuerst erwähnten Regel machen ferner die aus Kranken-, Hilfs- oder Sterbekassen zu beziehenden Hebungen, gegen welche in Zukunft die Aufrechnung geschuldeter Beträge schlechthin erfolgen kann (§ 394 Satz 2; vgl. S.G.B. § 995). Daß die Aufrechnung gegen Forderungen der Staatskassen ausgeschlossen ist, war bereits im S.G.B. (§ 994 Satz 2) vorgeschrieben. Nach dem D.G.B. ist aber auch die Aufrechnung gegen Forderungen der Gemeinden oder anderer Kommunalverbände nur dann gestattet, wenn im einzelnen Falle die Leistung an dieselbe Kasse zu geschehen hat, aus der die Forderung des Aufrechnenden zu berichtigen ist (§ 395).

VI. Wie die Aufrechnung, so ist auch die Abtretung und Verpfändung einer Forderung, insoweit diese der Pfändung nicht unterliegt, unzulässig (§§ 400, 1274 Abs. 2). Doch wird nach E.G. Art. 81 hinsichtlich der Beamten auch in dieser Richtung der

Landesgesetzgebung vorbehalten, der Übertragbarkeit der auf Besoldung u. s. w. gerichteten Ansprüche engere Grenzen zu ziehen. Einstweilen kommt hier von sächsischen Gesetzen nur dasjenige vom 4. März 1879 in Betracht, welches jedoch eine weitere Beschränkung als die im D.G.B. § 400 geordnete, nicht vorschreibt (vgl. das angezogene sächsische Gesetz § 9). Demgemäß können aber das Diensteinkommen, die Pension oder die sonstigen Bezüge der Beamten nur insoweit gepfändet und daher auch nur insoweit übertragen werden, als sie die Summe von fünfzehnhundert Mark übersteigen, und auch dann nur zum dritten Teile des Mehrbetrags (C.P.O. §§ 850 Abs. 1 Nr. 7 und 8, Abs. 2 und 4, 851, Gesetz, die Zwangsvollstreckung wegen Geldleistungen in Verwaltungssachen betr., vom 7. März 1879 §§ 4, 9). Macht ein Beamter von diesem beschränkten Rechte der Übertragung Gebrauch, so hat er hiervon — und dies ist eine Neuerung — die auszahlende Kasse durch Aushändigung einer von ihm ausgestellten, öffentlich beglaubigten Urkunde zu benachrichtigen (§§ 411, 1274 Abs. 1, vgl. Reichsbeamtengesetz vom 31. März 1873 §§ 6, 19). Bis zur Benachrichtigung gilt die Abtretung als der Kasse nicht bekannt. —

Ich hoffe, hiermit von den allgemeinen Vorschriften über das Recht der Schuldverhältnisse diejenigen herausgegriffen zu haben, die für ihren Geschäftskreis von besonderer Bedeutung sind. Ehe ich aber auf die einzelnen Schuldverhältnisse übergehe, möchte ich Ihre Aufmerksamkeit noch auf eine Abweichung des neuen Rechts von dem bisherigen lenken, die sonst leicht Mißverständnisse hervorrufen könnte.

VII. Der Schuldübernahme des sächsischen Rechts entspricht nämlich ihrem Wesen nach nicht die Schuldübernahme, sondern die sog. Erfüllungsübernahme des D.G.B. (§ 329; S.G.B. §§ 1402, 1405). Danach erwirbt, wenn sich ein Dritter in einem Vertrage mit dem Schuldner zur Befriedigung eines Gläubigers dieses Schuldners verpflichtet, im Zweifel der Gläubiger kein unmittelbares Recht auf Befriedigung gegen den Dritten. Z. B. eine Gemeinde giebt einem hilfsbedürftigen Ortsbewohner die Zusage, für ihn an seinen Hauswirt die rückständige Miete zu bezahlen. Mit dieser Zusage erlangt der Hauswirt noch keinen Anspruch auf Tilgung seiner Mietforderung gegen die Gemeinde. Das Gegenteil ist vielmehr nur bei der Schuldübernahme des neuen Rechts, und zwar dann der Fall, wenn ein Dritter durch Vertrag mit dem Gläubiger an Stelle des bisherigen Schuldners dessen Schuld übernimmt (§ 414 ff., vgl. jedoch § 419; S.G.B. §§ 1003, 1005). Dies würde also dann zutreffen, wenn die Gemeinde mit dem Hauswirt selbst dahin übereingekommen wäre, die Miete für jenen Ortsbewohner zu begleichen.

VIII. Was nun die einzelnen Schuldverhältnisse anbelangt, so sind zunächst

a) beim Kaufe zwei wichtige Abweichungen vom bisherigen Rechte zu verzeichnen.

1. Während nach sächsischem Rechte der Verkäufer nur verpflichtet ist, dem Käufer den ungestörten Genuß des Kaufsgegenstandes zu gewähren, hat er ihm nach dem Rechte des D.G.B. das volle und freie Eigentum zu verschaffen (§§ 433 Abs. 1, 434, S.G.B. §§ 1082, 1090). Ingleichen ist der Verkäufer eines Rechtes verpflichtet, dem Käufer dieses zu übertragen und, wenn das Recht zum Besitze einer Sache berechtigt, diese zu übergeben.

2. Der Übergang der Gefahr vom Verkäufer auf den Käufer erfolgt künftig nicht mehr, wie nach sächsischem Rechte, mit dem Kaufsabschlusse, sondern erst mit der Übergabe der verkauften Sache (§§ 446 Abs. 1, s. auch Abs. 2, — C. V. —, 300 Abs. 2; S.G.B. § 866). Geht also nach dem Kaufsabschlusse, aber noch vor der Übergabe, die verkaufte Sache zufällig unter, oder erleidet sie in der Zwischenzeit eine zufällige Verschlechterung, so trifft der Verlust nicht den Käufer, sondern noch den Verkäufer. Es kauft z. B. eine Gemeinde eine Maschine und vereinbart mit der Maschinenfabrik, daß die Übergabe erst später erfolgen und die Maschine bis dahin in der Fabrik verbleiben solle. Brennt nun inzwischen die Fabrik infolge Blitzschlags ab und die Maschine geht hierdurch zu Grunde, so muß nach dem jetzigen Rechte die Gemeinde den Kaufpreis bezahlen. Nach dem D.G.B. trifft der Schaden die Fabrik. Nur wenn der Verkäufer auf Verlangen des Käufers den Kaufsgegenstand nach einem anderen Orte als dem Erfüllungsorte versendet, geht die Gefahr bereits mit der Auslieferung des Gegenstandes an den Frachtführer oder Spediteur auf den Käufer über (§ 447 Abs. 1).

Neben diesen beiden wesentlichsten Neuerungen gelten noch beim Viehhandel einige Besonderheiten, die ich kurz andeuten möchte. Die beschränkte Haftpflicht des Verkäufers nur für gewisse gesetzliche Fehler, sog. Hauptmängel, tritt nach dem neuen Rechte nicht bloß, wie seither, beim Verkauf von Pferden und Rindvieh ein, sondern auch beim Handel mit Eseln, Schafen und Schweinen (§ 481; S.G.B. § 927). Und zwar greift auch diese beschränkte Haftung nur dann Platz, wenn sich die betreffenden Mängel bei den genannten Tiergattungen innerhalb bestimmter Fristen, sog. Gwährsfristen, zeigen (§ 482 Abs. 1, vgl. auch §§ 485, 490). Die näheren Bestimmungen über die

Hauptmängel und Gewährsfristen enthält die Reichsverordnung vom 27. März 1899.

b) Die Schenkung ist insofern abweichend vom sächsischen Rechte geordnet worden, als für ihre Form künftig die Wertsgrenze von 3000 *M* in keiner Weise mehr maßgebend ist (vgl. S.G.B. § 1056). Die Voraussetzungen für die Gültigkeit einer Schenkung werden statt dessen nur noch danach unterschieden, ob ein Handgeschenk oder ein bloßes Schenkungsversprechen vorliegt.

1. Das Handgeschenk ist ohne jede Form gültig, wenn auch der hingegebene Betrag die Summe von 3000 *M* übersteigt (§ 516). Dagegen bedarf

2. das Schenkungsversprechen zu seiner Gültigkeit in jedem Falle der gerichtlichen oder notariellen Beurkundung (§ 518 Abs. 1). Es schenkt z. B. jemand einer Gemeinde zu Armenzwecken 20000 *M*, indem er die Summe der Armenkasse sogleich auszahlt. In diesem Falle ist die Schenkung ohne weiteres gültig, obwohl sie mehr als 3000 *M* beträgt. Giebt dagegen jemand einer Gemeinde das bloße Versprechen, der Armenkasse 1 *M* zu schenken, so ist diese Schenkung trotz des geringen Betrags nur dann gültig, wenn sie in gerichtlicher oder notarieller Form erfolgt. Wird freilich, obwohl diese Form unbeachtet geblieben war, die versprochene Schenkung noch bewirkt, so gilt der Formmangel als geheilt (§ 518 Abs. 2). Liegt der Fall so, daß der Schenker bei Berücksichtigung seiner sonstigen Verpflichtungen seinen standesgemäßen Unterhalt durch die Erfüllung des Schenkungsversprechens gefährden würde, so kann er dessen Vollziehung verweigern (§ 519). Er kann sogar, wenn eine derartige Gefahr begründet ist, nach Erfüllung der Schenkung von dem Beschenkten die Rückgabe des Geschenkes nach den Vorschriften über die ungerechtfertigte Bereicherung fordern (§ 528). Der Anspruch auf die Zurückforderung des Geschenkes ist nur dann ausgeschlossen, wenn seit dessen Hingabe zehn Jahre verflossen sind, oder wenn der Schenker seine Bedürftigkeit vorsätzlich oder durch grobe Fahrlässigkeit herbeigeführt hat (§ 529).

Auch Schenkungen unter Ehegatten unterliegen lediglich den hier genannten Formvorschriften. Sind diese gewahrt, so sind jene im Gegensatze zum sächsischen Rechte gültig, auch wenn sie sich nicht als übliche Gelegenheitsgeschenke darstellen (vgl. § 1584; S.G.B. § 1647).

Anlangend die Schenkungen unter einer Auflage, so kann, wie bisher, der Schenker deren Vollziehung verlangen, wenn er seinerseits geleistet hat (§ 525 Abs. 1; S.G.B. §§ 1065, 1066). Neu aber und für Sie von Wichtigkeit ist die Bestimmung, daß nach dem Tode des Schenkers auch die zuständige Behörde die Vollziehung der

Auflage zu fordern berechtigt ist, wenn diese im öffentlichen Interesse liegt, z. B. wenn die Auflage die Unterhaltung einer öffentlichen Anlage betrifft (§ 525 Abs. 2, vgl. auch § 2194). Als zuständig gilt in diesem Falle diejenige Behörde, zu deren Geschäftskreis die Wahrung des Interesses in erster Instanz gehört (sächsische A.V.O. vom 6. Juli 1899 § 10).

c) Auch die Vorschriften über Miete und Pacht sind im Vergleich zum sächsischen Rechte durchgreifenden Änderungen unterzogen worden, die zumeist zu Gunsten des Mieters oder Pächters, als des im Zweifel wirtschaftlich schwächeren Teils, gereichen. So ist

1. für den Fall der Veräußerung eines vermieteten oder verpachteten Grundstücks an die Stelle des Satzes „Kauf bricht Miete und Pacht" der Satz getreten „Kauf bricht **nicht** Miete und **nicht** Pacht" (§§ 571 ff., 581 Abs. 2, vgl. auch § 1056; S.G.B. §§ 1222, 1225, 1226). Auf den Erwerber des Grundstücks gehen daher künftig alle während der Dauer seines Eigentums aus dem Miet- oder Pachtverhältnisse sich ergebenden Rechte und Verpflichtungen ohne weiteres über. Voraussetzung hierfür ist nur, daß das Grundstück zur Zeit der Veräußerung dem Mieter oder Pächter bereits überlassen war.

Für den Fall der Erstehung eines Grundstücks im Zwangsversteigerungsverfahren vgl. § 57 des Reichsgesetzes über die Zwangsversteigerung und die Zwangsverwaltung.

2. Der Vermieter oder Verpächter eines Grundstücks hat zwar nach dem neuen Rechte für seine Forderungen aus dem Miet- oder Pachtverhältnisse nicht nur ein Zurückhaltungsrecht, sondern sogar ein Pfandrecht an den eingebrachten und der Pfändung unterworfenen Sachen des Mieters oder Pächters (§ 559; S.G.B. § 1228). Indessen kann er der Entfernung dieser Sachen nicht mehr widersprechen, wenn sie im regelmäßigen Geschäftsbetriebe des Mieters oder Pächters oder den gewöhnlichen Lebensverhältnissen entsprechend erfolgt, oder wenn die zurückbleibenden Sachen zur Sicherung des Vermieters oder Verpächters offenbar ausreichen (§ 560 Satz 2, vgl. aber § 561 Abs. 2). Auch ist der Mieter oder Pächter berechtigt, die gepfändeten Sachen im ganzen oder einzelnen dadurch von dem Pfandrechte zu befreien, daß er in Höhe ihres Wertes Sicherheit leistet (§ 562). Für künftige Entschädigungsforderungen und für den Mietzins auf eine spätere Zeit als das laufende und folgende Mietjahr darf das Pfandrecht überhaupt nicht geltend gemacht werden (§ 559 Satz 2, vgl. auch § 558). Nur dem Verpächter eines landwirtschaftlichen Grundstücks steht die Ausübung des Pfandrechts, und zwar auch hinsichtlich der Früchte des Grundstücks, für den gesamten Pachtzins zu (§ 585).

3. Die Kündigung ist bei Mietverträgen über Grundstücke in der Regel lediglich für den Schluß eines Kalendervierteljahrs und spätestens bis zum dritten Werktage dieses Vierteljahrs zulässig. Ist der Mietzins nach Monaten bemessen, so ist die Kündigung nur für den Schluß eines Kalendermonats und spätestens am 15. dieses Monats statthaft. Bei Bemessung des Mietzinses nach Wochen kann die Kündigung nur am Schlusse einer Kalenderwoche und spätestens am ersten Werktage dieser Woche erfolgen. Ist der Mietzins nach Tagen bemessen, so ist die Kündigung an jedem Tage für den folgenden Tag zulässig (§ 565; S.G.B. § 1215).

Beamte, Militärpersonen, Geistliche und Lehrer an öffentlichen Unterrichtsanstalten können im Falle der Versetzung nach einem anderen Orte das Mietverhältnis unter Einhaltung dieser Fristen selbst dann kündigen, wenn es auf längere Zeit geschlossen ist (§ 570).

Bei Pachtverträgen über Grundstücke oder Rechte ist die Kündigung nur für den Schluß eines Pachtjahres statthaft und hat spätestens am ersten Werktage des Halbjahres zu erfolgen, mit dessen Ablauf die Pacht endigen soll.

Ungünstiger für den Mieter oder Pächter ist die im Gegensatze zum sächsischen Rechte stehende Vorschrift, daß Untervermietung und Unterverpachtung im Zweifel nicht gestattet sind (§§ 549, 581 Abs. 2, 596; S.G.B. § 1194).

Allein alle diese Bestimmungen treten natürlich nur dann in Wirksamkeit, wenn die Parteien nicht etwas anderes vereinbart haben (vgl. aber §§ 566, 581 Abs. 2). Der Mieter einer Wohnung, deren Benutzung mit einer erheblichen Gefährdung der Gesundheit verbunden ist, hat jedoch trotz gegenteiliger Abmachung das unverkürzbare Recht, das Mietverhältnis jederzeit ohne Einhaltung irgendwelcher Kündigungsfrist aufzuheben (§ 544).

Über die Einwirkung der neuen Vorschriften auf Miet- und Pachtverträge, die vor dem Inkrafttreten des D.G.B. geschlossen worden sind, wird durch E.G. Artt. 170, 171, 172 folgendes bestimmt:

aa) Miet- und Pachtverträge, die ohne vereinbarte Kündigung nach dem 1. Januar 1900 ablaufen, sind bis dahin nach sächsischem Rechte zu beurteilen.

bb) Miet- und Pachtverträge, die an sich nach dem 1. Januar 1900 gekündigt werden könnten, deren Kündigung aber für den ersten Termin nicht erfolgt, unterliegen für die verlängerte Dauer dem neuen Rechte. War also z. B. bisher halbjährige Kündigung zulässiig, so wird, wenn hiervon am 1. April 1900 kein Gebrauch gemacht worden ist, am

1. Oktober 1900 (mangels gegenteiliger Verabredung) schon für den 1. Januar 1901 gekündigt werden können.

cc) Der bisher geltende Satz: „Kauf bricht Miete und Pacht" tritt mit dem 1. Januar 1900 auch für bestehende Miet- und Pachtverträge, gleichviel ob sich diese nach dem alten oder neuen Rechte bestimmen, außer Kraft.

d) Die Vorschriften über die Leihe kann ich ebenso übergehen, wie diejenigen über das Darlehn, da das D.G.B. auf beiden Gebieten vom sächsischen Rechte nur unwesentlich abweicht (§§ 598 ff., 607 ff.; S.G.B. §§ 1173 ff., 1067 ff.). Als erheblichere Neuerung ist allenfalls zu erwähnen, daß ein Darlehnsversprechen im Zweifel widerrufen werden kann, wenn der Anspruch auf Rückerstattung durch eine Verschlechterung in den Vermögensverhältnissen des anderen Teils gefährdet wird (§ 610, vgl. §§ 321, 322, aber auch 519; vgl. S.G.B. § 1069).

e) Dagegen haben die Grundsätze über den Dienstvertrag mehrere recht einschneidende Änderungen erfahren.

1. Gegenstand eines Dienstvertrages können Dienste jeder Art sein, ohne daß hierbei im allgemeinen ein Unterschied gemacht wird (§ 611 Abs. 2; S.G.B. § 1230). Ein solcher tritt aber ein, soweit es sich um die Kündigung handelt, insofern man hier den zu Diensten höherer Art Angestellten längere Fristen bewilligt hat (§§ 622, 623), als den sonstigen Dienstleistenden (§ 621, vgl. den Unterschied zwischen § 624 und S.G.B. § 1234 Satz 3).

2. Kommt der Dienstberechtigte mit der Annahme der Dienste in Verzug, so kann der Verpflichtete auch für die deshalb unterbliebenen Dienste die vereinbarte Vergütung verlangen, ohne zur Nachleistung verbunden zu sein. Er muß sich jedoch den Wert desjenigen anrechnen lassen, was er infolge des Unterbleibens der Dienstleistung erspart oder durch anderweite Verwendung seiner Dienste erwirbt oder zu erwerben böswillig unterläßt (§ 615, vgl. auch § 324 Abs. 1; S.G.B. §§ 1235, 1239, 870). Der Verpflichtete geht seines Anspruchs auf die Vergütung auch nicht dadurch verlustig, daß er für eine verhältnismäßig kurze Zeit ohne sein Verschulden an der Dienstleistung verhindert wird. Nur muß er auch in diesem Falle einen Abzug dulden, und zwar nach Höhe der Beträge, die er inzwischen aus der Kranken- oder Unfallversicherung bezogen hat (§ 616).

3. Aus sozialpolitischen Gründen ist dem Dienstberechtigten in einer Reihe neuer Bestimmungen die Fürsorge für Leben, Gesundheit, Sittlichkeit und Religion des Dienstleistenden zur besonderen Pflicht gemacht worden (§§ 617, 618, 619; vgl. H.G.B. §§ 62 ff).

4. Neu ist endlich, daß der Dienstleistende bei Beendigung eines dauernden Dienstverhältnisses vom Dienstberechtigten ein schriftliches Zeugnis fordern kann (§ 630; vgl. H.G.B. §§ 73, 80).

Zu den Dienstleistenden im Sinne dieser Vorschriften gehören selbstverständlich weder die Handlungsgehilfen noch die gewerblichen Arbeiter, deren Dienstverhältnisse nach den Bestimmungen im H.G.B., bezw. in der Gew.-O. zu beurteilen sind. Aber auch das Gesinde nimmt nach wie vor eine Ausnahmestellung ein, da die gesetzliche Regelung seiner Dienstverhältnisse nach E.G. Art. 95 der Landesgesetzgebung verblieben ist. Der Reichsgesetzgeber hat diese nur insofern beschränkt, als die Vorschriften in §§ 617 bis 619 und 624 des D.G.B. auch auf das Gesinderecht Anwendung finden und dem Dienstberechtigten gegenüber dem Gesinde kein Züchtigungsrecht eingeräumt werden kann. Die sächsische Gesindeordnung in der Fassung vom 31. Mai 1898 (vgl. §§ 58 ff., 45) hat diesen Beschränkungen bereits Rechnung getragen.

f) Weniger wesentlich sind die Neuerungen, die das D.G.B. für den Werkvertrag einführt (§§ 631 ff.; S.G.B. §§ 1243 ff.). Abgesehen von der genannten Bezeichnung des Vertrags als „Werkvertrags" — das S.G.B. gebraucht den Ausdruck „Verdingungsvertrag" —, ist nur hervorzuheben, daß der Unternehmer, ähnlich wie der Verkäufer, die Gefahr bis zur Abnahme des Werkes, bezw. bis zum Annahmeverzuge des Bestellers zu tragen und für die Mängel und Fehler des Werkes einzustehen hat (§§ 644, 633 ff.; S.G.B. §§ 1247, 1249). Dafür ist dem Unternehmer aber auch für seine Forderungen aus dem Vertrage künftig ein Pfandrecht an den von ihm hergestellten oder ausgebesserten Sachen des Bestellers eingeräumt worden (§ 647).

g) Die Vorschriften des D.G.B. über den Mäklervertrag, insbesondere auch über die sog. Ehemäkelei, entsprechen in allen hauptsächlichen Punkten dem sächsischen Rechte (§§ 652, 656; vgl. jedoch § 655, s. oben A. II.; S.G.B. §§ 1254 ff., 1259).

h) Auch die Bestimmungen über die Geschäftsführung mit und ohne Auftrag (§§ 662 ff, 677; S.G.B. §§ 1295 ff., 1339 ff.) enthalten im großen und ganzen wenig Neues. Namentlich ist auch der für Sie nicht unwichtige Grundsatz, daß eine Ratserteilung zum Ersatze des aus der Befolgung entstehenden Schadens in der Regel nicht verpflichtet, im neuen Rechte festgehalten worden (§ 667; S.G.B § 1301).

i) Unter Auslobung versteht das D.G.B. das öffentlich bekannt gemachte einseitige Versprechen an eine unbestimmte Person für den Fall einer gewissen Leistung, z. B. für die Ergreifung eines Verbrechers

(§ 657; S.G.B. § 771). Ein solches Versprechen ist auch künftig, wie nach sächsischem Rechte, bindend. Eine Auslobung, die eine Preisbewerbung, z. B. die Einreichung von Konkurrenzplänen, zum Gegenstande hat, ist jedoch nur gültig, wenn in der Bekanntmachung eine Frist für die Bewerbung bestimmt ist. Die Übertragung des Eigentums an dem Werke kann der Auslobende lediglich dann verlangen, wenn er dies in der Bekanntmachung ausdrücklich bestimmt hat (§ 661 Abs. 1 und 4).

k) Schuldverschreibungen auf den Inhaber, in denen diesem die Zahlung einer bestimmten Geldsumme versprochen wird, bedürfen auch künftig, soweit sie nicht vom Reiche oder von einem Bundesstaate ausgegeben werden, zu ihrer Gültigkeit der staatlichen Genehmigung (§§ 795, 1081 ff.; S.G.B § 1040). Ihre Erteilung erfolgt in Sachsen durch gemeinsame Verfügung der Ministerien des Innern und der Finanzen (sächsische A.V.O. vom 6. Juli 1899 § 11). Wegen der Vorschriften über die Zahlungssperre, die Kraftloserklärung abhandengekommener Inhaberpapiere und die Umschreibung auf einen bestimmten Berechtigten, vgl. §§ 802, 799, 800, 806, 935 Abs. 2, 1207, E.G. Artt. 100, 101, 174, 175, 176 (s. auch sächsisches Gesetz, betr. die Kraftloserklärung inländischer auf den Inhaber lautender Wertpapiere u. s. w., vom 6. März 1879 § 3 Abs. 2, sächsisches Gesetz, die Einführung des H.G.B. betr. vom 30. Oktober 1861 § 17, H.G.B. § 367, sächsische A.V.O. vom 6. Juli 1899 § 12, C.P.O. §§ 1003ff, 1019; S.G.B. § 1047).

Wie nach sächsischem Rechte werden auch nach dem D.G.B. von den Schuldverschreibungen auf den Inhaber die sog. unvollkommenen Inhaberpapiere unterschieden. Hierunter fallen die Sparkassenbücher, wie überhaupt alle sonstigen Urkunden, in denen der Gläubiger zwar benannt, aber bestimmt ist, daß die versprochene Leistung auch an jeden anderen Inhaber bewirkt werden kann (§ 808, E.G. Artt. 99, 177, 178, sächsisches A.Ges. vom 18. Juni 1898 § 5, C.P.O. § 1023; S.G.B. § 1048). Dagegen werden Karten, Marken oder ähnliche Urkunden ohne Bezeichnung eines Gläubigers, wenn nach den Umständen der Ausgabe jeder Inhaber auf die Leistung berechtigt sein soll, wie Schuldverschreibungen auf den Inhaber behandelt (§ 807). Eisenbahnbillets, Garderobenummern fallen unter die Gattung der bloßen Legitimationsurkunden.

l) Schließlich gestatte ich mir noch, indem ich die übrigen besonderen Schuldverhältnisse beiseite lasse, auf die Vorschriften über die unerlaubten Handlungen näher einzugehen. An der Spitze dieser Vorschriften steht der Satz, daß, wer durch eine unerlaubte Handlung einem Anderen Schaden zufügt, ihm diesen zu ersetzen hat. Zum Schadensersatze ist hiernach verpflichtet:

1. wer vorsätzlich oder fahrlässig das Leben, den Körper, die Gesundheit, die Freiheit, das Eigentum oder ein sonstiges Recht eines Anderen widerrechtlich verletzt (§ 823 Abs. 1, vgl. §§ 827, 828, 829, 832, Reichshaftpflichtgesetz vom 7. Mai 1871 §§ 3, 3a, 7, 8, 9 in der Fassung des E.G. Art. 42; S.G.B. §§ 1483 ff.);

2. wer durch sein Verschulden gegen ein den Schutz eines Anderen bezweckendes Gesetz verstößt (§ 823 Abs. 2);

3. wer der Wahrheit zuwider eine Thatsache behauptet oder verbreitet, die geeignet ist, den Kredit eines Anderen zu gefährden (§ 824; S.G.B. § 1501);

4. wer eine Frauensperson durch Hinterlist, Drohung oder Mißbrauch eines Abhängigkeitsverhältnisses zur Gestattung des Beischlafes nötigt (§ 825; vgl. S.G.B. § 1551; s. auch unten D. X. a. 3);

5. wer in einer gegen die guten Sitten verstoßenden Weise einem Anderen vorsätzlich Schaden zufügt (§ 826);

6. wer ein Tier hält, durch das — und zwar gleichviel, ob mit oder ohne Verschulden seines Besitzers, — ein Mensch getötet oder körperlich verletzt oder eine Sache beschädigt wird (§§ 833, 834; S.G.B. § 1560). Die nach sächsischem Rechte gebotene Möglichkeit, sich durch Überlassung des Tieres an den Verletzten von der Ersatzpflicht zu befreien (S.G.B. § 1561), fällt künftig weg.

Wird durch Schwarz-, Rot-, Elch-, Dam- oder Rehwild oder durch Fasanen (nicht Hasen) ein Grundstück beschädigt, an welchem der Eigentümer kein Jagdrecht hat, so ist der Jagdberechtigte zum Schadensersatze verpflichtet (§ 835). Steht die Ausübung der Jagd einer nach Maßgabe des sächsischen Gesetzes vom 1. Dezember 1864 gebildeten Jagdgenossenschaft zu, so ist diese ersatzpflichtig. (§§ 6, 10, 14 bis 22 des genannten Gesetzes, §§ 2 bis 4 der A.V.O. hierzu, §§ 2 ff. des sächsischen Gesetzes, den Ersatz von Wildschaden und die Rechtsfähigkeit der Jagdgenossenschaft betr., vom 28. Mai 1898, E.G. Artt. 69 ff.). Der Anspruch auf Ersatz des Wildschadens ist bei Strafe des Verlustes binnen drei Tagen nach erhaltener Kenntnis bei der Amtshauptmannschaft anzumelden. Diese hat hiervon unverzüglich den Ersatzpflichtigen unter der Aufforderung zu benachrichtigen, sich binnen einer, natürlich möglichst kurz zu bemessenden Frist mit dem Beschädigten gütlich zu einigen. Nach erfolglosem Ablaufe der Frist hat die Amtshauptmannschaft zur Ermittelung des Schadens sowie zur Verhandlung über die Ersatzpflicht alsbald einen Lokaltermin anzusetzen und hierzu die Beteiligten, nach Befinden auch Sachverständige, zu laden.

Kommt auch im Lokaltermin kein Vergleich zu stande, so ist über die Ergebnisse der Besichtigung und der Verhandlung ein Protokoll aufzunehmen und später ein schriftlicher Bescheid zu erteilen. Gegen diesen sind die im Verwaltungswege geordneten Rechtsmittel zulässig. Der Rechtsweg ist ausgeschlossen.

7. Wird durch den Einsturz eines Gebäudes oder ähnlichen Werkes ein Mensch getötet oder verletzt oder eine Sache beschädigt, so haftet für den Schaden der sog. Eigenbesitzer des Grundstücks (§§ 836, 837, 838, 872; S.G.B. § 351; s. unten D. X. e. 3). Und zwar dauert seine Haftpflicht auch nach der Besitzaufgabe noch ein Jahr lang fort.

8. Besonders wichtig sind die im Vergleich zum S.G.B. wesentlich verschärften Vorschriften über die Ersatzpflicht der Beamten wegen Hintansetzung ihrer Dienstobliegenheiten. Fügt ein Beamter durch Verletzung seiner Amtspflichten einem Dritten Schaden zu, so haftet er jenem nicht mehr, wie bisher, nur für Vorsatz und grobe Fahrlässigkeit, sondern auch für geringe Fahrlässigkeit. Eine weitgehende Bestimmung, die jedoch durch die Einschränkung einigermaßen abgeschwächt wird, daß ein Beamter wegen Fahrlässigkeit lediglich insoweit in Anspruch genommen werden kann, als der Beschädigte nicht auf andere Weise Ersatz zu erlangen vermag. Die Ersatzpflicht tritt ferner, dem sächsischen Rechte entsprechend, nicht ein, wenn der Beschädigte es unterlassen hat, zur Abwendung des Schadens von einem Rechtsmittel Gebrauch zu machen. Es muß ihm hierbei aber — und darin liegt wiederum eine Verschärfung der Beamtenhaftung — der Vorwurf der vorsätzlichen oder fahrlässigen Versäumnis zu machen sein (§ 839 Abs. 1 und 3; S.G.B. §§ 1506, 1507). Sind mehrere Beamte nebeneinander ersatzpflichtig, so haften sie als Gesamtschuldner (§ 840; S.G.B. § 1495).

Alle diese Vorschriften finden sowohl auf Staatsbeamte, insbesondere auf die Vormundschafts- und Grundbuchrichter (§§ 1674, 1648, Grundbuchordnung § 12), als auch auf Gemeindebeamte Anwendung (vgl. Gesetz A vom 28. Januar 1835 § 7 Nr. 3). Ist der ersatzpflichtige Beamte zur Leistung des Schadens nicht in der Lage, so geht nach sächsischem Gewohnheitsrechte die Haftpflicht auf den Staat bezw. die Gemeinde über (E.G. Artt. 2, 77, Grundbuchordnung § 12). Hat ein Beamter als privatrechtlicher Vertreter des Staates oder einer Gemeinde einem Dritten Schaden verursacht, so haftet hierfür der Staat oder die Gemeinde ohne weiteres und an erster Stelle, während der Beamte nur regreßpflichtig ist (§§ 89 Abs. 1, 31).

Wegen der Haftung der Beamten für die von ihnen angenommenen Stellvertreter und Gehilfen vgl. §§ 278, 120, 831, 841, E.G. Art. 78.

Eine Verpflichtung zum Ersatze des Schadens, der bei einer Zusammenrottung, einem Auflauf oder einem Aufruhr entsteht, liegt den Gemeinden auch in Zukunft nicht ob (E.G. Art. 108, sächsische A.V.O. vom 18. Mai 1872 unter 3; vgl. auch S.G.B. § 1496).

Ehe ich Sie mit den Vorschriften des D.G.B. über

C. **das Sachenrecht**

bekannt mache, möchte ich Ihnen

I. eine kurze Übersicht über diejenigen Rechtsgebiete geben, die, wennschon vorwiegend sachenrechtlicher Natur, keiner reichsgesetzlichen Neuordnung unterzogen, sondern der landesgesetzlichen Regelung verblieben sind. Und zwar gehören hierher namentlich folgende Materien:

a) das Bergrecht, mit Einschluß der selbständigen Berechtigung zum Abbau gewisser Bodenbestandteile, welche der Verfügung des Grundeigentümers nicht entzogen sind (E.G. Artt. 67, 68, vgl. auch Artt. 52, 53; Allgemeines Berggesetz vom 16. Juni 1868 §§ 58 ff., 139 ff. nebst A.V.O. vom 2. Dezember 1868 sowie Abänderungs- und Ergänzungsgesetzen vom 18. März 1887 und 20. Juni 1898; A.Ges. zum D.G.B. vom 18. Juni 1898 §§ 14 bis 16, 29; A.V.O. vom 6. Juli 1899 § 19 und vom 24. Juli 1899 §§ 29 Abs. 3, 123; A.V.O. zur Grundbuchordnung vom 26. Juli 1899 §§ 44 Nr. 5 und 6, 49, 58 Nr. 1, 61; vgl. auch D.G.B. §§ 1015, 1017, 1038 Abs. 2, 2123 Abs. 2),

b) das Enteignungsrecht (E.G. Art. 109, vgl. auch Artt. 52, 53; Verfassungsurkunde vom 4. September 1831 § 31; Gesetz, die Abtretung des zum Bau der Leipzig-Dresdener Eisenbahn erforderlichen Grundeigentums betr., vom 3. Juli 1835; Gesetz, die Expropriation für Erweiterung bestehender Eisenbahnanlagen betr., vom 21. Juli 1855; ferner Gesetz vom 7. Dezember 1837 nebst V.O. vom 30. November 1867 verbunden mit Reichsgesetz vom 21. Dezember 1871; Gesetz vom 30. April 1868, die Tötung von Vieh bei Viehseuchen betr.; Gesetz, die Abtretung von Grundeigentum zu Wasserleitungen für Stadt- und Dorfgemeinden betr., vom 28. März 1872 nebst A.V.O. von demselben Tage; A.Ges. vom 18. Juni 1898 §§ 18, 19, 20),

c) das Recht der Gemeinheitsteilung, der Zusammenlegung der Grundstücke, der Regulierung der Wege und der Ablösung von Dienstbarkeiten, Reallasten, Zwangs- und Bannrechten (E.G. Artt. 113, 114, 115, 119, 120, 121, 74; S.G.B. §§ 341 ff., 505, 506; Gesetze über Ablösungen und Gemeinheitsteilungen vom 17. März 1832, 21. Juli 1846 und 15. Mai 1851; Gesetz, die Teilbarkeit des Grundeigentums betr., vom 30. November 1843; V.O. vom 9. Januar 1865 §§ 115 und 124; Gerichtsordnung § 206; Gesetze über die Zusammenlegung der Grundstücke vom 23. Juli 1861 und 13. November 1874; Gesetz, vorläufige Grundbucheinträge bei Grundstückszusammenlegungen betr., vom 9. August 1882 nebst A.V.O. vom 2. August 1882; Gesetz, die gemeinsamen Angelegenheiten der Zusammenlegungsgenossenschaften betr., vom 29. April 1890; V.O. vom 28. September 1869; Gesetz, die Gültigkeit der Lokalbauordnungen betr., vom 11. Juni 1868; Gesetze vom 12. und 13. Mai 1873, die Entschädigung für den Wegfall gewisser mit dem städtischen Brauurbar verbundenen Berechtigungen, bezw. für den Wegfall des Mahlzwanges betr., nebst A.V.O. von denselben Tagen; A.Ges. vom 18. Juni 1898 §§ 7 bis 12, 21 bis 27, A.V.O. vom 6. Juli 1899 §§ 13 bis 18, 20 bis 23, vom 24. Juli 1899 §§ 28, 133 Nr. 5 und 13; A.V.O. zur Grundbuchordnung vom 26. Juli 1899 §§ 84, 181 Nr. 1, 2, 7 und 11),

d) das Wasserrecht, mit Einschluß des Mühlen-, Flöß- und Flößereirechts, sowie das Deich- und Sielrecht (E.G. Artt. 65, 66, 118; S.G.B. §§ 281 ff., 354 ff., 555; Befehl vom 7. Oktober 1800 § 2; Generale vom 8. Mai 1811 § 3; Mandat, die Elbstrom-Ufer- und Dammordnung enthaltend, vom 7. August 1819; Gesetz über die Berichtigung von Wasserläufen und die Ausführung von Ent- und Bewässerungsanlagen vom 15. August 1855 bezw. 9. Februar 1864; Bekanntmachung vom 22. März 1870; Gesetz, die Landeskulturrentenbank betr., vom 26. November 1861 und 1. April 1872 nebst A.V.O. von denselben Tagen; A.Ges. vom 18. Juni 1898 § 30; A.V.O. vom 24. Juli 1899 §§ 29 Abs. 1 und 2, 128; vgl. auch Reichsgesetz, die privatrechtlichen Verhältnisse der Flößerei betr., vom 15. Juni 1895, und die privatrechtlichen Verhältnisse der Binnenschiffahrt betr., in der Fassung vom 20. Mai 1899),

e) das Jagd- und Fischereirecht (E.G. Art. 69, Gesetz, das Jagdrecht auf fremdem Grund und Boden betr., vom 25. November 1858; Gesetz, die Ausübung der Jagd betr., vom 1. Dezember 1864; Gesetz, die Schonzeit der jagdbaren Tiere betr., vom 22. Juli 1876; Gesetz über die Ausübung der Fischerei in fließenden Gewässern, vom 15. Oktober 1868 nebst A.V.O. vom 16. Oktober 1868 und 28. Oktober 1878 sowie Nachtragsgesetz vom 16. Juli 1874; Gesetz, den Ersatz von Wildschaden und die Rechtsfähigkeit der Jagdgenossenschaft betr., vom 28. Mai 1898, s. auch oben B. VII. 1. 6; A.V.O. zur Grundbuchordnung vom 26. Juli 1899 § 29 Abs. 1 und 2),

f) das **Forstrecht** (E.G. Artt. 83, 183, 184; Mandat vom 30. Juli 1813 § 1; Dorffeuerordnung vom 18. Februar 1775; Gesetz, den Schutz der Waldungen gegen schädliche Insekten betr., vom 17. Juli 1876; Forst- und Feldstrafgesetz vom 24. April 1894 Artt. 8 ff., 23 Abs. 2; revidierte Landgemeindeordnung § 12; A.V.O. zur Grundbuchordnung vom 26. Juli 1899 § 45; vgl. auch D.G.B. §§ 1038 Abs. 1, 2123 Abs. 1),

g) das Recht der **Regalien** (E.G. Art. 73; Befehle vom 7. Dezember 1563 und 30. August 1607; Allgemeines Berggesetz vom 16. Juni 1868 § 5; Gesetz vom 15. Oktober 1868 § 2 Abs. 2).

Alle diese Rechtsgebiete werden sich jedoch dem Einflusse des D.G.B. insofern nicht völlig entziehen können, als dessen Bestimmungen für sie immerhin ergänzend anzuwenden sind. Entwürfe über eine landesgesetzliche Neuordnung des gesamten Wasserrechts und des gesamten Enteignungsrechts sind deshalb bereits ausgearbeitet worden und auch ein Entwurf über das Bergrecht wird nicht lange auf sich warten lassen.

Um nun

II. auf die Vorschriften des D.G.B. selbst zuzukommen, so wird es zunächst erforderlich sein, den **Begriff der Sache** wenigstens in den Umrissen zu kennzeichnen.

Während das D.G.B. unter dem Ausdruck „Gegenstand“ sowohl Sachen als auch Rechte umfaßt, werden unter der Bezeichnung „Sachen“ nur körperliche Gegenstände verstanden (§§ 90 ff.; S.G.B. §§ 58 ff.). Die im S.G.B. enthaltene Einschränkung, daß dem Verkehr entzogene Sachen nicht Gegenstand eines Rechtes sein können, hat das D.G.B. fallen gelassen (S.G.B. § 58). Im übrigen werden, wie nach sächsischem Rechte, unterschieden:

a) **vertretbare und nicht vertretbare Sachen** (§ 91; S.G.B. § 61),

b) **verbrauchbare und unverbrauchbare Sachen** (§ 92; vgl. S.G.B. § 623),

c) **Einzelsachen und zusammengesetzte Sachen** — der Ausdruck „Gesamtsache“ ist gefallen — (§§ 93 bis 96, vgl. S.G.B. §§ 284 ff.),

d) **Hauptsachen und Zubehör** (§§ 97, 98; S.G.B. §§ 65 ff.) bez. **Früchte und Nutzungen** (§§ 99 ff.; S.G.B. §§ 72 ff.),

e) **bewegliche Sachen und Grundstücke** — auch die Bezeichnung „unbewegliche Sache“ ist aufgegeben worden (vgl. § 97; S.G.B. § 59).

III. Der **Begriff des Besitzes** fällt nach dem D.G.B. mit dem sächsischen Begriff der **Inhabung**, also der Ausübung thatsächlicher Gewalt, zusammen (§ 854; S.G.B. § 186). Die Inhabung kann entweder eine selbständige oder unselbständige sein, je nachdem sie durch den sog. Besitzherrn, z. B. durch die Dienstherrschaft, den Geschäftsinhaber, oder durch den sog. Besitzdiener, durch das Gesinde, das Geschäftspersonal, ausgeübt wird (§ 855; vgl. S.G.B. § 203). Besondere Fälle der selbständigen Inhabung sind der sog. Eigenbesitz, welcher von demjenigen ausgeübt wird, der eine Sache als ihm gehörend inne hat (§ 872; S.G.B. §§ 186 ff.), der Besitz des Ehemanns am eingebrachten Gute und der Besitz des Konkursverwalters an der Konkursmasse. Ferner der Besitz eines jeden selbständigen Inhabers als solchen, z. B. der Besitz des Finders, Verwahrers, Frachtführers.

Hierneben spricht das D.G.B. noch von dem sog. mittelbaren Besitz desjenigen, dem gegenüber ein Anderer, z. B. ein Nießbraucher, Pfandgläubiger, Pächter, Mieter, Verwahrer, auf Zeit zum Besitze berechtigt und verpflichtet ist (§§ 868, 871; S.G.B. § 201).

Alle diese Bestimmungen finden auch auf ein zur Zeit des Inkrafttretens des D.G.B. bestehendes Besitzverhältnis Anwendung (E.G. Art. 180).

IV. Das Eigentum, hinsichtlich dessen die gleiche Übergangsbestimmung gilt (E.G. Art. 181), ist seinem Begriffe nach auch künftig die volle rechtliche Herrschaft über eine Sache in allen ihren Beziehungen. Der Eigentümer einer Sache kann mit ihr nach Belieben verfahren und Andere von jeder Einwirkung ausschließen (§ 903, vgl. aber §§ 904, 228, 229; S.G.B. §§ 217, 179 ff.). Nur der Grundstückseigentümer muß sich gewisse gesetzliche Beschränkungen gefallen lassen. Soweit diese

a) das Nachbarrecht betreffen, enthält das D.G.B. im großen und ganzen dieselben Vorschriften, wie das S.G.B. (§§ 905 ff., 867; S.G.B. §§ 345 ff.). Nun wird zwar durch E.G. Art. 124 bestimmt, daß außerdem noch die landesgesetzlichen Vorschriften in Kraft bleiben, die das Grundeigentum zu Gunsten des Nachbarn weiteren Beschränkungen unterwerfen. Indessen kommen in dieser Richtung nur unwesentliche Erweiterungen in Betracht (vgl. S.G.B. §§ 350, 357, 364 im Verhältnis zu D.G.B. §§ 908, 907, 919; vgl. auch E.G. Artt. 122, 123 und S.G.B. §§ 361, 362, 345 bis 349 im Verhältnis zu D.G.B. §§ 923 Abs. 2, 910, 917; s. auch sächsisches A.Ges. vom 18. Juni 1898 § 28).

b) Für die thatsächlichen Beschränkungen des Grundeigentums im öffentlichen Interesse bleiben nach wie vor die Landesgesetze, also insbesondere Bauregulative und Lokalbauordnungen, maßgebend (E.G.

Art. 111, Gesetz, das wegen polizeilicher Beaufsichtigung der Baue zu beobachtende Verfahren betr., vom 6. Juli 1863 nebst A.V.O. von demselben Tage, V.O., die Baupolizeiordnungen für Städte und Dörfer u. s. w. betr., vom 27. Februar 1869). Ein allgemeines Baugesetz für Sachsen befindet sich noch in Vorbereitung.

V. Eine völlige Umgestaltung im Verhältnisse zum sächsischen Rechte haben die Vorschriften über den Eigentumserwerb an Grundstücken erfahren.

Für den Übergang des Grundeigentums ist, wie Sie wissen, nach dem S.G.B. lediglich die Eintragung im Grundbuche entscheidend (S.G.B. §§ 276, 277). Das zwischen dem Veräußerer und Erwerber zu diesem Zwecke eingegangene Rechtsgeschäft bildet nichts weiter, als die Voraussetzung zur Eintragung. Nach dem neuen Rechte dagegen ist zur Eigentumserwerbung beides erforderlich: sowohl die Einigung der Beteiligten, die sog. Auflassung, als auch die Eintragung (§ 873, vgl. § 1015, Grundbuchordnung § 20). Die Eintragung nimmt künftig nur insofern eine besondere Stellung ein, als die Gefahr, wenn der Käufer schon vor der Übergabe des Grundstücks eingetragen worden ist, bereits mit diesem Zeitpunkte auf ihn übergeht (§ 446 Abs. 2; S.G.B. §§ 1089, 1091, 866). Was die Auflassung anlangt, so kann sie nicht nur vor dem Grundbuchamte, sondern auch vor jedem deutschen Amtsgerichte und vor jedem deutschen Notar erklärt werden (§ 925 Abs. 1, vgl. § 1015, E.G. Art. 143, sächsisches A.Ges. vom 18. Juni 1898 § 13). In allen Fällen müssen aber hierbei beide Teile bezw. ihre Vertreter gleichzeitig anwesend sein (s. oben A. II.).

Die Bestimmung, daß zum Eigentumserwerb an Grundstücken sowohl die Auflassung, als auch die Eintragung nötig sind, erleidet aber einige wichtige Ausnahmen. So bedürfen

a) auch nach dem 1. Januar 1900 Grundstücke von Gemeinden, mit Einschluß der Kirchen- und Schulgemeinden, keiner Eintragung. Sie erhalten vielmehr, soweit sie nicht schon eingetragen sind, ein Grundbuchblatt — der Ausdruck „Folium" wird vom Reichsgesetzgeber vermieden — nur auf Antrag (Grundbuchordnung § 90, sächsische A.V.O. vom 26. Juli 1899 § 5, vgl. auch E.G. Artt. 126, 128). Das Gleiche gilt für die öffentlichen Wege, für die ja bisher überhaupt keine Grundbuchblätter angelegt wurden und für das Bett öffentlicher Wasserläufe. Als solche sind im Sinne dieser Vorschrift (vgl. auch § 1 Abs. 1 des Entwurfs eines Wassergesetzes für das Königreich Sachsen) alle ständig fließenden Gewässer anzusehen. Erwirbt oder besitzt eine Gemeinde ein Grundstück, über das ein Blatt geführt wird, so ist auf Antrag das Grundstück aus dem Grundbuche auszuscheiden, wenn nicht etwa eine Eintragung vorliegt, von der das Recht des Eigentümers betroffen wird.

b) Umgekehrt kann das Eigentum an einem Grundstück ohne Auflassung und nur durch Eintragung von demjenigen erlangt werden, der es dreißig Jahre im Eigenbesitz gehabt und den Eigentümer durch Ausschlußurteil mit seinem Rechte ausgeschlossen hat (§ 927, vgl. auch die Vorschrift über die sog. Tabularersitzung in § 900, C.P.O. §§ 977 ff.). Auch erwirbt der Staat das Eigentum an Grundstücken, die vom Eigentümer durch einen vor dem Grundbuchamte erklärten und von diesem verlautbarten Verzicht aufgegeben worden sind, durch bloße Eintragung (§ 928). Von dem durch E.G. Artt. 129, 190 begründeten Rechte, hierzu weitere Vorschriften zu erlassen, hat die sächsische Landesgesetzgebung m. W. seither ebensowenig Gebrauch gemacht, wie von dem gleichen Vorbehalte in E.G. Art. 127.

Wie jedoch in regelmäßigen Fällen zur Eigentumsübertragung an Grundstücken Beides verlangt wird, Einigung der Beteiligten und Eintragung, so wird Beides auch gefordert zur Belastung eines Grundstücks mit einem Rechte, z. B. mit einer Hypothek, einer Grunddienstbarkeit u. s. w. (s. unten VII), sowie zur Übertragung oder Belastung eines solchen Rechtes (§ 873). Die gleichzeitige Anwesenheit beider Teile bezw. ihrer Vertreter ist in diesen Fällen indessen nicht nötig; es sei denn, daß es sich um die Bestellung eines Erbbaurechts handelt (§ 1017, Grundbuchordnung § 20; s. unten VII. 1). Zur Aufhebung eines Rechtes an einem Grundstücke genügt sogar schon die einseitige Erklärung des Berechtigten, daß er das Recht aufgebe, und die hierauf zu bewirkende Löschung des Rechtes im Grundbuche (§ 875).

Das Rangverhältnis unter mehreren Rechten, mit denen ein Grundstück belastet ist, bestimmt sich auch nach dem D.G.B. im wesentlichen nach der Reihenfolge der Eintragungen (§ 879, sächsische A.V.O. zur Grundbuchordnung vom 26. Juli 1899 §§ 80 ff.). Wegen der Beibehaltung des Grundsatzes über den öffentlichen Glauben des Grundbuchs vgl. §§ 892 ff., 1154 Abs. 1, 1192, 1199).

VI. Der Eigentumserwerb an beweglichen Sachen erfolgt künftig im allgemeinen nach denselben Grundsätzen, wie bisher. Er vollzieht sich, von anderen Erwerbsarten abgesehen, namentlich

a) durch Übertragung, d. h. durch Übergabe der Sache seitens des Eigentümers an den Erwerber unter dem Einverständnisse Beider, daß hierdurch das Eigentum übergehen soll (§§ 929 ff.; S.G.B. §§ 253 ff.). Neu ist auf diesem Gebiete nur die Anwendung des Satzes, daß der gutgläubige Erwerber durch die Übertragung auch Eigentum vom Nichteigentümer erwirbt, auf Sachen jeder Art, nicht bloß auf Geld und Inhaberpapiere (§ 932, vgl. aber §§ 935, 808, 1007, E.G. Art. 168; H.G.B. § 367, S.G.B. § 296).

b) Durch Ersitzung erwirbt das Eigentum, wer eine Sache zehn Jahre im Eigenbesitze hat (§ 937, vgl. §§ 2026, 2018; E.G. Artt. 185, 169; S.G.B. §§ 260, 261, 265).

c) Durch Aneignung erwirbt das Eigentum, wer eine herrenlose Sache in Eigenbesitz nimmt, es sei denn, daß die Aneignung gesetzlich verboten ist oder gegen das Aneignungsrecht eines Anderen verstößt (§ 958, E.G. Artt. 69, 130; S.G.B. §§ 227 ff.). Als herrenlos gelten auch, etwas abweichend vom sächsischen Rechte, wilde Tiere, die nach zeitweiliger Gefangenschaft wieder frei geworden, und Bienenschwärme, die ausgezogen sind und vom Eigentümer nicht sofort verfolgt werden (§§ 960 Abs. 2, 961 ff.; S.G.B. §§ 229, 230, 289).

Nicht zu den herrenlosen Sachen gehören die bloß verlorenen oder sonst abhanden gekommenen Sachen. Wer eine solche Sache findet und an sich nimmt, hat dem Verlierer oder dem Eigentümer oder einem sonstigen Empfangsberechtigten unverzüglich Anzeige zu machen. Kennt er die Empfangsberechtigten oder deren Aufenthalt nicht, so hat er den Fund alsbald der Polizeibehörde, also auf dem Lande dem Gemeindevorstand, anzuzeigen (sächsische A.V.O. vom 6. Juli 1899 § 27). Der Anzeige bedarf es, wie seither, nur dann nicht, wenn die Sache nicht mehr als 3 *M* wert ist (§ 965; S.G.B. § 239). Der Finder ist zur Verwahrung der Sache, unter Umständen aber auch dazu verpflichtet, sie nach vorheriger Anzeige an die Polizeibehörde versteigern zu lassen (§ 966). Er ist berechtigt und auf Anordnung der Polizeibehörde verbunden, ihr die Sache oder den Versteigerungserlös auszufolgen (§ 967). Trotz dieser gesteigerten Mühwaltung kann er als Finderlohn für Sachen im Werte bis 300 *M* nicht mehr 10 %, sondern nur noch 5 % und vom Mehrwert nur noch 1 %, bei Tieren überhaupt nur noch 1 % verlangen (§ 971; S.G.B. § 242). Mit dem Ablauf eines Jahres nach der Fundanzeige bezw. bei Sachen im Werte von 3 *M* und weniger, nach dem Funde erwirbt der Finder, wenn sich kein Empfangsberechtigter gemeldet hat, das Eigentum (§ 973; S.G.B. § 242). Verzichtet der Finder der Polizeibehörde gegenüber auf die Sache, oder holt er sie nicht binnen einer ihm von der Polizeibehörde bestimmten Frist ab, so geht sein Recht auf die Gemeinde über (§ 976, vgl. aber § 977). Als solche wird in diesem Falle diejenige des Fundorts bezeichnet (vgl. auch die genannte A.V.O. § 26). Dagegen sind die einen Fund betreffenden

Anzeigen und Erklärungen von jeder Polizeibehörde entgegenzunehmen (A.V.O. § 24).

Besondere Vorschriften gelten für Sachen, die in den Geschäftsräumen oder den Beförderungsmitteln einer öffentlichen Behörde oder einer dem öffentlichen Verkehre dienenden Verkehrsanstalt, also in Wartesälen, Eisenbahnwagen u. s. w., verloren werden. Wer dort eine verlorene Sache an sich nimmt, hat sie unverzüglich an die betreffende Behörde oder Verkehrsanstalt oder an einen ihrer Angestellten abzuliefern (§ 978). Die Behörde oder die Verkehrsanstalt kann die an sie abgelieferte Sache öffentlich versteigern lassen, nachdem die Empfangsberechtigten in einer öffentlichen Bekanntmachung des Fundes unter Bestimmung einer Frist zur Anmeldung ihrer Rechte aufgefordert worden sind und die Frist erfolglos verstrichen ist (§§ 979, 980). Über die Form, in welcher diese Bekanntmachung zu erlassen ist, treffen die §§ 28 bis 31 der sächsischen A.V.O. vom 6. Juli 1899 nähere Bestimmungen. Sind seit dem Ablaufe der Frist drei Jahre vergangen, ohne daß ein Empfangsberechtigter sein Recht angemeldet hat, so fällt der Versteigerungserlös an die Behörde oder Verkehrsanstalt (§ 981). Dasselbe Versteigerungsverfahren kann übrigens auch bezüglich solcher Sachen eingeleitet werden, deren Herausgabe einer Behörde obliegt, deren Empfangsberechtigte ihr aber unbekannt sind (§ 983.).

Wird ein Schatz entdeckt und in Besitz genommen, so geht das Eigentum daran zur Hälfte auf den Entdecker, zur anderen Hälfte auf den Eigentümer derjenigen Sache über, in welcher der Schatz verborgen war (§ 984; S.G.B. §§ 233 ff).

VII. Auch die Formen, in denen eine Sache mit dem Rechte eines Dritten beschwert werden kann, sind im wesentlichen dieselben geblieben, wie bisher. So kann, was zunächst

a) ausschließlich die unbeweglichen Sachen anbelangt,

1. ein Grundstück in der Weise belastet werden, daß einem Anderen ein sog. Erbbaurecht, d. h. das veräußerliche und vererbliche Recht eingeräumt wird, auf oder unter der Oberfläche des Grundstücks ein Bauwerk zu haben (§§ 1012 ff., 916; Grundbuchordnung § 7, sächsische A.V.O. hierzu vom 26. Juli 1899 §§ 58 Nr. 1, 61; S.G.B. § 661; s. auch oben unter V.).

2. Ein Grundstück kann zu gunsten des jeweiligen Eigentümers eines anderen Grundstücks mit einer Grunddienstbarkeit, z. B. einer Wegegerechtigkeit, belastet werden (§§ 1018 ff., E.G. Artt. 128, 184, 187, 191; Grundbuchordnung § 6, sächsische A.V.O. hierzu §§ 11, 58 Nr. 2, 59; S.G.B. §§ 535 ff.; s. auch oben I. c.).

3. Die Belastung eines Grundstücks kann weiter in der Weise geschehen, daß derjenige, zu dessen Gunsten die Belastung erfolgt, berechtigt ist, es in einzelnen Beziehungen zu benutzen, sog. beschränkte persönliche Dienstbarkeit (§§ 1090 ff; S.G.B. § 601). Ein besonderer Fall dieser Art ist die Bestellung eines Herbergsrechts (§ 1093; S.G.B. §§ 638 ff.).

4. Ein Grundstück kann auch in der Weise belastet werden, daß an denjenigen, zu dessen Gunsten die Belastung erfolgt, oder an den jeweiligen Eigentümer eines anderen Grundstücks aus dem belasteteten Grundstücke wiederkehrende Leistungen, sog. Reallasten, zu entrichten sind (§§ 1105 ff.; S.G.B. §§ 505 ff., 515 ff.; s. oben I. c). Hierunter fallen namentlich Landrenten, Landeskulturrenten, Auszüge, Leibrenten und eiserne Kapitalien (E.G. Art. 96; sächsisches A.Ges. vom 18. Juni 1898 § 31; Grundbuchordnung § 6, sächsische A.V.O. hierzu §§ 58 Nr. 3, 60, 61).

5. Endlich kann ein Grundstück auch in der Weise belastet werden, daß derjenige, zu dessen Gunsten die Belastung erfolgt, oder der jeweilige Eigentümer eines anderen Grundstücks dem Eigentümer des belasteten Grundstücks gegenüber zum Vorkauf berechtigt ist (§§ 1094 ff., 504 ff.; S.G.B. §§ 1118 ff., 1124 Schlußsatz).

b) Ferner ist die Beschwerung einer jeden Sache, einer beweglichen sowohl wie auch einer unbeweglichen, in der Weise möglich,

1. daß derjenige, zu dessen Gunsten die Belastung erfolgt, auf die Nutzungen der Sache berechtigt ist, sog. Nießbrauch (§§ 1030 ff.; S.G.B. §§ 600 ff., 644 ff.). Neu ist hierbei, daß der Erwerb eines Nießbrauchs an einer beweglichen Sache künftig, außer durch Übergabe, auch durch Ersitzung geschehen kann (§§ 1031, 1032, E.G. Art. 185; S.G.B. § 647). Über die ehemännliche und elterliche Nutznießung vgl. §§ 1363, 1373 ff., 1605, 1649 ff. und 1767 (s. unten D. IX. a. und XII. c. 5).

2. Sodann aber kann eine Sache auch zur Sicherung einer Forderung in der Weise belastet werden, daß der Gläubiger berechtigt ist, Befriedigung aus der Sache selbst zu suchen, sog. Pfandrecht (§§ 1204 ff.; S.G.B. §§ 369 ff.). Die Bestellung des Pfandrechts an einer beweglichen Sache erfolgt nach wie vor durch Übergabe als Faustpfand (§ 1205; S.G.B. §§ 466 ff.). Hinsichtlich des gesetzlichen Pfandrechts an beweglichen Sachen vgl. §§ 1257, 559 ff., 585, 590, 647, 704. Als Belastungsformen für ein Grundstück kommen in Betracht die Hypothek und die Grundschuld (§§ 1113 ff.).

Nicht unerwähnt will ich lassen, daß in Zukunft auch Rechte jeder Art nicht nur Gegenstand eines Pfandrechts, sondern auch Gegenstand eines Nießbrauchs sein können (§§ 1068 ff., 1273 ff.; S.G.B. §§ 625 ff., 495 ff.).

VIII. Eine eingehendere Behandlung werden Sie schon in Ihrer Eigenschaft als Sparkassenverwalter bezüglich der **Grundstücksbelastung durch Pfandrechte** wünschen.

Das Reichsgesetz unterscheidet, wie schon gesagt, in dieser Richtung zwei Hauptarten der Grundstücksbelastung: Die **Hypothek** (§§ 1113 ff.) und die **Grundschuld** (§§ 1191 ff.). Sie wissen, daß in Sachsen bisher lediglich die erstere Belastungsform galt (S.G.B. §§ 387 ff.), während in anderen Bundesstaaten, namentlich in Preußen, die Grundschuld bereits zulässig war.

a) Indem das Reichsgesetz nunmehr allgemein neben der Hypothek auch die **Grundschuld** einführt, verfolgt es den wirtschaftlichen Zweck, die Mobilisierung des Grundbesitzes zu erleichtern. Der Unterschied zwischen der Hypothek und der Grundschuld geht nämlich dahin, daß diese im Gegensatze zu jener überhaupt nicht notwendig das Bestehen einer Forderung voraussetzt. Für die Grundschuld haftet ausschließlich das mit ihr belastete Grundstück, nicht aber, wie für die Hypothek, auch das sonstige Vermögen des Schuldners. Also nur der „Grund schuldet", wie schon der Name sagt. Der Grundstückseigentümer mobilisiert seinen Grundwert einfach dadurch, daß er demjenigen, für den er sein Grundstück mit einer Grundschuld belastet, diese in Zahlung giebt — ich möchte sagen, beinahe wie einen Wechsel. Ja, er kann sogar eine Grundschuld für sich selbst (§ 1196) oder in der Weise bestellen, daß der Grundschuldbrief auf den Inhaber ausgestellt wird und dadurch die rechtliche Natur einer Schuldverschreibung auf den Inhaber erlangt (§§ 1195, 793 ff.). Natürlich ist ein derartiges Verfahren nicht etwa geeignet, den Grundstückseigentümer zu verleiten, leichtsinniger, als sonst, Schulden zu machen. Es hat vielmehr, weil hier eine persönliche Haftung des Schuldners nicht in Betracht kommt, in noch höherem Grade, als die Aufnahme von Hypotheken, seine Grenzen in der Belastungsfähigkeit des Grundstücks. Denn der vorsichtige Geldgeber wird eine Grundschuld nur dann annehmen, wenn der für ihn allein maßgebliche Wert des Grundstücks ihre Sicherheit für den Fall der Zwangsversteigerung wirklich gewährleistet. Und er wird bei Prüfung dieser Frage noch dadurch unterstützt, daß der Grundschuldbrief ebenso, wie künftig jeder Hypothekenbrief, die im Range vorhergehenden oder gleichstehenden Eintragungen kurz bezeichnen soll (Grundbuchordnung §§ 57 Nr. 4, 70). Immerhin bietet die Bestellung einer Grundschuld dem Grundstückseigentümer doch insofern eine wesentliche Erleichterung, als er durch die bloße Verpfändung seines Grundwertes Barmittel erlangen kann, ohne hierfür zugleich persönlich einstehen zu müssen. Ein Vorzug, der insbesondere bei einem späteren Verkauf des Grundstücks greifbar wird, in welchem Falle die Haftung des bisherigen Eigentümers, da er nur aus dem Grundstück zu zahlen verpflichtet war, überhaupt fortfällt.

Damit glaube ich das Wesen der Grundschuld in den Hauptzügen erschöpft zu haben, so daß mir nur noch erübrigt, einer Unterart dieser Belastungsweise zu gedenken, der sogenannten Rentenschuld. Hier kann ich mich jedoch kurz fassen. Ihre Besonderheit beruht nur darauf, daß der Gläubiger, anstatt eines Anspruchs auf das Kapital, lediglich ein Recht auf regelmäßig wiederkehrende Terminzahlungen erhält (§§ 1199 ff.). Hervorzuheben ist allenfalls noch, daß die Rentenschuld durch Zahlung der im Grundbuche anzugebenden Ablösungssumme abgelöst werden kann (§ 1199 Abs. 2). Das Recht der Ablösung steht dem Eigentümer schlechthin, dem Gläubiger dagegen nur dann zu, wenn die Sicherheit der Schuld durch eine Verschlechterung des Grundstücks gefährdet wird (§§ 1201, 1133).

Die Brücke von der Grundschuld zur Hypothek wird dadurch geschlagen, daß jene in diese verwandelt werden kann, sobald auch noch ein persönliches Schuldverhältnis zwischen dem Eigentümer und dem Gläubiger hinzutritt. Ebenso, wie auch umgekehrt bei dem Wegfall des persönlichen Schuldverhältnisses die Verwandlung einer Hypothek in eine Grundschuld zulässig ist (§§ 1198, 1203). In letzterem Falle braucht übrigens die Eintragung der Rechtsänderung nur auf dem bisherigen Briefe vermerkt zu werden, wobei die etwa mit ihm verbundene frühere Schuldurkunde abzutrennen ist (Grundbuchordnung §§ 65 Abs. 1, 58 Abs. 1).

b) Was die Hypothek betrifft, so zerfällt sie in zwei Gattungen:

1. die Briefhypothek (§ 1116 Abs. 1) und

2. die Buchhypothek (§ 1116 Abs. 2).

Es sind dies Bezeichnungen, die der Gesetzgeber nicht gebraucht, die aber die Eigenart beider Kreditformen kurz und treffend ausdrücken und deshalb allgemein angewendet werden. Die Briefhypothek ist eine Hypothek, über die ein Brief, der Hypothekenbrief, erteilt, die Buchhypothek eine solche, die ausschließlich durch das Buch, das Grundbuch, beurkundet wird. Mit anderen Worten: Die Erteilung eines Hypothekenbriefs ist bei der Briefhypothek wesentliches Erfordernis, bei der Buchhypothek dagegen überhaupt ausgeschlossen. Der hiernach nur bei der Briefhypothek zu erteilende Hypothekenbrief führt, soweit er von sächsischen Grundbuchämtern auszustellen ist, die Bezeichnung „Königlich

Sächsischer Hypothekenbrief“ (A.V.O. zur Grundbuchordnung § 136 Abs. 1). Wenn Sie dabei an unsern bisherigen Hypothekenbrief denken, so könnten Sie zu der Annahme verführt werden, daß die Briefhypothek der zur Zeit bei uns geltenden Verpfändungsart entspräche. Das ist jedoch nicht der Fall. Gerade die Briefhypothek bedeutet für Sachsen eine wichtige Neuerung, deren Bedeutung darin liegt, daß der Hypothekenbrief künftig eine viel größere Rolle spielen wird, als dies gegenwärtig der Fall ist. Unser bisheriger Hypothekenbrief ist seinem Wesen nach nichts weiter, als eine Eintragsbescheinigung, wie sie auch nach dem neuen Rechte für jede Eintragung erteilt werden soll (Grundbuchordnung § 55). Der reichsgesetzliche Hypothekenbrief dagegen ist, wenn auch nicht geradezu der Träger der Hypothek, so doch ein Ausweispapier, dessen Besitz für den Erwerb der Briefhypothek unbedingt erforderlich ist. Der Gläubiger erwirbt die Hypothek nicht schon, wie nach sächsischem Rechte, mit der Eintragung, sondern erst dann, wenn ihm der Brief vom Eigentümer des Grundstücks übergeben wird (§ 1117 Abs. 1). Er kann die Hypothek nur geltend machen und hinsichtlich ihrer nur dann eine Eintragung im Grundbuche erlangen, wenn er den Brief vorlegt (§§ 1160, 1144, 1150, Grundbuchordnung § 42). Die Abtretung und Verpfändung der Hypothek wird schon mit der bloßen Aushändigung des Briefes nebst einer schriftlichen Abtretungs- bezw. Verpfändungserklärung bewirkt, ohne daß es eines dahingehenden Eintrags bedarf (§ 1154, 1274). Selbstverständlich kann aber die Übertragung der Hypothek auch durch Verlautbarung im Grundbuche erfolgen, wodurch die schriftliche Erklärung der Abtretung oder Verpfändung ersetzt wird (§ 1154 Abs. 2). In der Regel wird jedoch der Antrag auf Verlautbarung unterbleiben, da eben darin, daß die Mitwirkung des Grundbuchamts vermieden wird, der hauptsächlichste Vorzug der Briefhypothek besteht.

In Sachsen wird der seitherigen Übung entsprechend voraussichtlich — wenigstens in der ersten Zeit — vorwiegend die Buchhypothek angewendet werden, die mit der sächsischen Hypothek so ziemlich zusammenfällt (vgl. E.G. Art. 192; sächsisches A.Ges. vom 18. Juni 1898 § 33). Auch die Sparkassen werden sich ihrer, zumal eine Übertragung der Hypothek nur ausnahmsweise von vornherein beabsichtigt sein wird, in den meisten Fällen bedienen können (vgl. sächsische A.V.O. zur Grundbuchordnung vom 26. Juni 1899 § 69). Allerdings ist nicht nur die Übertragung, die ja lediglich durch Eintragung im Grundbuche ausführbar ist, sondern auch schon der ursprüngliche Erwerb einer Buchhypothek umständlicher, als der einer Briefhypothek. Letzteres insofern, als die bei Begründung der

Buchhypothek erforderliche Ausschließung des Hypothekenbriefs ausdrücklich vereinbart und im Grundbuche eingetragen werden muß (§ 1116 Abs. 2). Trotz alledem dürften sich aber gegen die Anwendung der Buchhypothek durch die Sparkassen um so weniger Bedenken geltend machen lassen, als der Ausschluß des Briefs, wenn die Hypothek etwa später in Verkehr gebracht werden soll, durch eine entsprechende nachträgliche Einigung und Eintragung wieder aufgehoben werden kann (§§ 1116 Abs. 3, 1198, 1203). Eine Möglichkeit, die man sich am besten dadurch wahrt, daß man vorsorglich einen hierauf gerichteten Vorbehalt schon in die Schuldurkunde aufnehmen läßt. Zudem bietet die Buchhypothek den Vorteil, daß man keinen Hypothekenbrief, dessen Kosten überdies gespart werden, aufzubewahren braucht. Das ist nicht unwesentlich. Denn für einen verlorenen Hypothekenbrief wird nicht eher ein neuer erteilt, als bis der abhanden gekommene im Aufgebotsverfahren für kraftlos erklärt worden ist (§ 1162).

Eine dritte Gattung der Hypothek ist

3. die Sicherungshypothek,

bei der die Erteilung eines Hypothekenbriefs in jedem Falle ausgeschlossen ist (§ 1185 Abs. 1, vgl. E.G. Art. 193). Ihr Wesen besteht darin, daß bei ihrer Geltendmachung die Forderung bewiesen werden muß, während deren Bestand — im Gegensatz zum sächsischen Recht (S.G.B. § 429) — bei der gewöhnlichen (Verkehrs-)Hypothek vermutet wird (§§ 1184 Abs. 1, 1138, 891 Abs. 1). Das Recht des Gläubigers aus der Hypothek bestimmt sich nur nach der Forderung und es können daher die gegen sie gerichteten Einwendungen auch dem gutgläubigen Erwerber gegenüber geltend gemacht werden.

Eine Sicherungshypothek kann sich insbesondere der Unternehmer eines Bauwerks für seine Forderungen aus dem Werkvertrage an dem Baugrundstücke des Bestellers eintragen lassen (§ 648). Dagegen ist die mehrfach angeregte Zulassung einer Sicherungshypothek auch für die Forderungen der Bauhandwerker und derjenigen Unternehmer, die mit dem Eigentümer nicht unmittelbar in einem Vertragsverhältnis stehen, durch die Reichstagskommission abgelehnt worden (vgl. auch sächsische A.V.O. vom 24. Juli 1899 § 133 Nr. 19; sächsische A.V.O. zur Grundbuchordnung vom 26. Juli 1899 § 181 Nr. 13). Zu erwähnen ist ferner, daß die, an sich durch E.G. Art. 91 aufrecht erhaltene Bestimmung in § 393 S.G.B. über die Berechtigung öffentlicher Anstalten zum Erwerb von Sicherungshypotheken an den Grundstücken ihrer Kassenbeamten durch § 53 Abs. 1 des sächsischen A.Ges. vom 18. Juni 1898 beseitigt ist.

Die Sicherungshypothek ist entweder

aa) eine ausdrückliche, wenn sie in bestimmter Höhe für eine bestimmte Forderung bestellt und im Grundbuche unter der Bezeichnung als Sicherungshypothek eingetragen worden ist (§ 1184), oder

bb) eine stillschweigende, die selbst dann als Sicherungshypothek angesehen wird, wenn sie als solche im Grundbuche nicht bezeichnet ist. Letzteres gilt für Hypotheken, denen Forderungen aus einer Schuldverschreibung auf den Inhaber, aus einem Wechsel oder aus einem andern indossablen Papier zu Grunde liegen (§ 1187). Sodann aber auch für die eigentlichen Kautionshypotheken, die in der Weise bestellt werden, daß nur der Höchstbetrag zu bestimmen ist, bis zu dem das Grundstück haften soll (§ 1190 Abs. 1; S.G.B. § 389).

Auch die Sicherungshypothek kann, ohne daß es der Zustimmung der im Range gleich- oder nachstehenden Berechtigten bedarf, in eine gewöhnliche Hypothek umgewandelt werden und umgekehrt (§ 1186).

Endlich ist noch auf

4. die sogenannte Eigentümerhypothek

aufmerksam zu machen, die sich, kurz gesagt, als eine Hypothek ohne Forderung darstellt. Wenn nämlich die Forderung, für welche die Hypothek bestellt ist, überhaupt nicht zur Entstehung gelangt oder erlischt, oder wenn der Gläubiger auf die Hypothek verzichtet, dann erwirbt sie der Eigentümer (§§ 1163 Abs. 1, 1168; S.G.B. §§ 442, 443). Ingleichen steht — von andern Fällen zu geschweigen — jede Briefhypothek bis zu dem Zeitpunkte, zu welchem der Hypothekenbrief dem Gläubiger übergeben wird, dem Eigentümer zu (§ 1163 Abs. 2). Und zwar sind diese Bestimmungen insofern von erhöhter Bedeutung, als die Eigentümerhypothek künftig bei der Zwangsversteigerung auch den späteren hypothekarischen Gläubigern gegenüber geltend gemacht werden kann (anders S.G.B. § 444).

Von der Eigentümerhypothek abgesehen, setzt die Hypothek — wie schon oben erwähnt — im Gegensatze zur Grundschuld stets eine Forderung voraus. Abweichend vom sächsischen Recht (S.G.B. § 384 Satz 2) kann aber an die Stelle der durch die Hypothek gesicherten Forderung auch eine andere Forderung gesetzt werden (§ 1180). Wird eine solche Änderung vorgenommen, so genügt, wie bei Umwandlung einer Hypothek in eine Grundschuld, ein entsprechender Vermerk auf dem bisherigen Briefe, und der Ersatz der alten, abzutrennenden Schuldurkunde durch die neue (Grundbuchordnung § 65 Abs. 2).

c) Das Verfahren, die Geltendmachung von Ansprüchen aus einer Hypothek oder Grundschuld anlangend, so ist auf § 592 C.P.O. zu verweisen, wonach hierfür allgemein der Urkundenprozeß zugelassen ist.

Indem ich nunmehr zum

## D. Familienrecht

übergehe, erlaube ich mir zu bemerken, daß ich auf diesem Gebiete etwas ausführlicher zu werden gedenke, da die hier einschlagenden Bestimmungen für Sie, und zwar namentlich für die Herren Standesbeamten, vorwiegendes Interesse zu beanspruchen haben.

I. Nach sächsischem Recht erfordert das Verlöbnis zu seiner Gültigkeit entweder, daß bestimmte Angehörige einwilligen, oder, daß es vor zwei Zeugen oder vor Gericht geschlossen wird (S.G.B. § 1571, sächsisches Gesetz, einige Abänderungen des Bürgerlichen Gesetzbuchs und damit zusammenhängende Bestimmungen enthaltend, vom 5. November 1875 § 1). Vor erfülltem zwanzigsten Lebensjahre können, von Dispensationen abgesehen, Personen männlichen Geschlechts und vor erfülltem sechzehnten Lebensjahre Personen weiblichen Geschlechts jetzt überhaupt kein gültiges Verlöbnis eingehen (S.G.B. §§ 1570, 1569 in Verbindung mit § 28 Abs. 2 des Reichsgesetzes über die Beurkundung des Personenstandes und die Eheschließung vom 6. Februar 1875). Alle diese Voraussetzungen fallen künftig weg, da sich das deutsche Bürgerliche Gesetzbuch darüber, wann ein Verlöbnis als gültig anzusehen sei, völlig ausschweigt.

Das Reichsgesetzbuch beschränkt sich vielmehr darauf, den auch im S.G.B. anzutreffenden Satz aufzustellen, daß aus einem Verlöbnisse nicht auf Eingehung der Ehe geklagt werden kann, und daß das Versprechen einer Strafe für den Fall des Unterbleibens der Ehe nichtig ist (§ 1297; S.G.B. §§ 1579, 1580). Dafür wird aber, wie im S.G.B. bestimmt, daß im Falle der Auflösung des Verlöbnisses der schuldige Teil für den hierdurch entstandenen Schaden, auch insoweit er sich nicht als Vermögensschaden darstellt, verantwortlich ist (§§ 1298, 1299; S.G.B. § 1581). Der Anspruch hierauf verjährt in zwei Jahren, nicht, wie nach sächsischem Rechte, in einem Jahre (§ 1302; S.G.B. § 1587). Erwähnenswert ist übrigens auch die Vorschrift, daß den Verlobten auf ihr Verlangen von dem Standesbeamten kostenfrei eine Bescheinigung über das angeordnete Aufgebot zu erteilen ist (Bekanntmachung des Reichskanzlers vom 25. März 1899 § 9).

Auch die in einem gültigen Verlöbnisse erzeugten Kinder, die sog. Brautkinder, die nach S.G.B. § 1578 die Rechte ehelicher Kinder haben, werden im D.G.B. durchaus übergangen. Sie sind daher künftig, solange nicht zwischen den Verlobten die Ehe eingegangen wird (§ 1719; S.G.B. §§ 1780, 1781), in jeder Beziehung wie uneheliche Kinder zu behandeln. Nur für die Übergangszeit findet sich die Bestimmung, daß sich die rechtliche Stellung solcher Brautkinder, die vor dem 1. Januar 1900 geboren werden, nach den bisherigen Gesetzen richtet (E.G. Art. 208 Abs. 2; sächsisches A.Ges. vom 18. Juni 1898 §§ 36, 53 Abs. 2).

II. Die Erfordernisse der Eheschließung werden von den Herren Standesbeamten zur Zeit nach §§ 28 bis 40 des Reichsgesetzes über die Beurkundung des Personenstandes und die Eheschließung vom 6. Februar 1875 geprüft. Diese Vorschriften sind durch E.G. Art. 46 Nr. I samt und sonders aufgehoben und durch die Bestimmungen in §§ 1303 bis 1350 D.G.B. ersetzt worden. Es wird Ihnen daher, wennschon Ihnen hierüber bereits durch das Reichsjustizamt eine Zusammenstellung zugegangen ist, erwünscht sein, auch an dieser Stelle über die vom 1. Januar 1900 an geltenden Vorschriften näheres zu erfahren.

a) Das zur Eheschließung erforderliche Alter ist für die Männer vom zwanzigsten auf das einundzwanzigste Jahr, also auf den Zeitpunkt der Volljährigkeit hinaufgesetzt worden. Für die weiblichen Personen — im D.G.B. schlechthin „Frauen" genannt — reicht, wie bisher, das vollendete sechzehnte Lebensjahr aus. Ja, es kann ihnen in Ausnahmsfällen sogar noch — in Sachsen durch das hierfür zuständige Ministerium des Innern — Befreiung von dieser Vorschrift bewilligt werden, so daß sie noch früher heiraten können (§ 1303; sächsische A.V.O. zum Reichsgesetz vom 6. Februar 1875 in der neuen Fassung vom 12. Juli 1899 §§ 6, 17 Abs. 2; vgl. dasselbe Reichsgesetz in der alten Fassung § 28). Während gegenwärtig für die Söhne bis zum fünfundzwanzigsten, für die Töchter bis zum vierundzwanzigsten Lebensjahre die Einwilligung des Vaters und nach dessen Tode die Einwilligung der Mutter zur Eheschließung nötig ist, bedürfen Kinder über 21 Jahre hierfür in Zukunft überhaupt keiner Genehmigung mehr (§ 1305; Ges. vom 6. Februar 1875 § 29). Natürlich gewinnt diese Bestimmung, da an sich schon nur Minderjährige von einer Genehmigung ihres gesetzlichen Vertreters abhängig sind, ihre Bedeutung lediglich in dem Falle einer Volljährigkeitserklärung (§ 3). Aber auch in diesem Falle kann die elterliche Einwilligung, wenn sie ohne wichtigen Grund verweigert wird, auf Antrag durch das Vormundschaftsgericht ersetzt werden (§ 1308; Ges. vom 6. Februar 1875 § 32). Ein Ausweg, der übrigens auch einem bevormundeten Verlobten zur Seite steht, wenn gegen sein Interesse die, an sich nach wie vor erforderliche Zustimmung zur Eheschließung vom Vormunde abgelehnt wird (§ 1304).

b) Auch nach dem neuen Rechte darf niemand, der schon eine Ehe geschlossen hat, mit einer anderen Person eine Ehe eingehen, bevor seine frühere Ehe aufgelöst oder für nichtig erklärt worden ist. Dagegen ist eine vorgängige Nichtigkeitserklärung künftig nicht erforderlich, wenn es sich nur darum handelt, daß Ehegatten, um Zweifeln wegen der Gültigkeit ihrer Ehe vorzubeugen, die Eheschließung untereinander wiederholen wollen (§ 1309 Abs. 1; Reichsgesetz vom 6. Februar 1875 § 34). Neu ist ferner, daß Ehegatten, solange noch zwischen ihnen der Nichtigkeits- oder Restitutionsprozeß gegen ein die frühere Ehe auflösendes oder für nichtig erklärendes Urteil schwebt, keine andere Ehe eingehen dürfen (§ 1309 Abs. 2). Freilich hat diese Vorschrift nur zur Folge, daß sich im Falle einer Zuwiderhandlung der betreffende Ehegatte seiner Bestrafung wegen Doppelehe aussetzt (§ 171 St.G.B.). Die eingegangene neue Ehe bleibt aber gültig (§ 1326).

c) Wie seither, ist die Ehe verboten (§§ 1310 ff., vgl. § 33 ff., sächsische A.V.O. zum Reichsgesetz vom 6. Februar 1875 in der neuen Fassung vom 12. Juli 1899 § 6; dasselbe Reichsgesetz in der alten Fassung §§ 33 ff.):

1. zwischen Verwandten in gerader Linie,
2. zwischen vollbürtigen und halbbürtigen Geschwistern,
3. zwischen Verschwägerten in gerader Linie,

wobei unter Verwandtschaft im Sinne dieser drei Eheverbote auch das Rechtsverhältnis zwischen einem unehelichen Kinde und dessen Abkömmlingen einerseits und dem Vater und dessen Verwandten andererseits verstanden wird,

4. zwischen dem Annehmenden und dem Angenommenen sowie — nach dem Zusatze des B.G.B. — den Abkömmlingen des letzteren,

solange das durch die Annahme begründete Rechtsverhältnis besteht,

5. zwischen einem wegen Ehebruchs Geschiedenen und seinem Mitschuldigen (C.P.O. § 624),

wenn nicht von diesem Eheverbote Befreiung bewilligt worden ist, und endlich, wie das B.G.B. hinzufügt,

6. zwischen Personen, von denen die eine mit Eltern, Voreltern oder Abkömmlingen der anderen geschlechtlichen Umgang gepflogen hat.

Dagegen ist in das neue Recht nicht übernommen worden und daher für die Zukunft beseitigt das Verbot der Eheschließung zwischen einem Pflegebefohlenen und seinem Vormund oder dessen Kindern während der Dauer der Vormundschaft (vgl. § 37 des Reichsges. vom 6. Februar 1875).

7. Die Wartezeit für eine Frau nach Auflösung oder Nichtigkeitserklärung ihrer früheren Ehe beträgt auch nach dem neuen Rechte

zehn Monate, falls nicht Befreiung bewilligt wird. Indessen wird künftig eine Ausnahme dann gemacht, wenn die Frau inzwischen geboren hat (§ 1313; Reichsges. vom 6. Februar 1875 § 35; sächsisches Gesetz vom 5. November 1875 § 7).

8. Will der Vater eines ehelichen Kindes, das minderjährig ist oder unter seiner Vormundschaft steht, sich wieder verheiraten, so hat er seine Absicht zunächst dem Vormundschaftsgerichte anzuzeigen. Er hat dabei ein Verzeichnis über das Vermögen des Kindes einzureichen und sich mit ihm, sofern das Vormundschaftsgericht hierfür nicht Aufschub gewährt, auseinanderzusetzen (§ 1669). Erst, wenn er diesen Verpflichtungen entsprochen und darüber ein Zeugnis des Vormundschaftsgerichts vorgelegt hat, darf er eine neue Ehe eingehen (§ 1314).

9. Militärpersonen dürfen nicht ohne die vorgeschriebene Erlaubnis eine Ehe eingehen (§ 1315 Abs. 1, Reichsmilitärgesetz vom 2. Mai 1874 §§ 38, 40, 60 Nr. 4; Ges. vom 6. Februar 1875 § 38). Dasselbe gilt von Ausländern, soweit für sie nach den Landesgesetzen zur Eingehung einer Ehe eine Erlaubnis erforderlich ist, was insbesondere für Bayern zutrifft (§ 1315 Abs. 2).

10. Endlich darf ein Ehegatte so lange keine neue Ehe eingehen, als wegen der Todeserklärung des anderen Ehegatten der Rechtsstreit schwebt (§§ 1349, 13 ff., C.P.O. §§ 960 ff.).

d) Die Gültigkeit einer vor dem Inkrafttreten des D.G.B. geschlossenen Ehe bestimmt sich selbstverständlich nach den bisherigen Gesetzen (E.G. Art. 198).

III. Hinsichtlich der Form der Eheschließung sind die Vorschriften des Personenstandsgesetzes für die Zukunft gleichfalls zum Teil durch solche des D.G.B. ersetzt, zum Teil aber abgeändert worden. Es betrifft dies — von einigen redaktionellen Änderungen abgesehen — die §§ 41, 44, 50 bis 53 und 55 des Personenstandsgesetzes, an deren Stelle für die Zeit nach dem 1. Januar 1900 die §§ 1316 bis 1322 D.G.B. bezw. die abgeänderten §§ 41, 44, 50 und 55 des Personenstandsgesetzes getreten sind, während dem § 67 dieses Gesetzes ein zweiter Absatz hinzugefügt worden ist (E.G. Art. 46). In der Hauptsache sind jedoch hier die früheren Bestimmungen nur dem neuen Rechte angepaßt worden, so daß bloß folgende Neuerungen zu beachten sind:

a) Wie Ihnen bekannt ist, soll der Standesbeamte ohne vorgängiges Aufgebot eine Eheschließung nur dann vornehmen, wenn sie wegen der lebensgefährlichen Erkrankung eines der Verlobten nach ärztlicher Bescheinigung keinen Aufschub duldet. Eine ähnliche Vorschrift für die Geistlichen oder sonstigen Religionsdiener bezüglich der vorgängigen standesamtlichen Eheschließung fehlte bisher. Diese Lücke wird durch den neu hinzugekommenen Abs. 2 zu § 67 des Personenstandsgesetzes ausgefüllt. Danach kann im Falle einer lebensgefährlichen, einen Aufschub nicht gestattenden Erkrankung eines der Verlobten zu den religiösen Feierlichkeiten künftig auch ohne den Nachweis verschritten werden, daß die Ehe vor dem Standesbeamten geschlossen sei. Einer ärztlichen Bescheinigung bedarf der Geistliche nicht.

b) Eine zweite Neuerung trifft wegen der Zuständigkeit des Standesbeamten (vgl. sächsische A.V.O. vom 12. Juli 1899 §§ 1 ff., 9 ff.) für den Fall Vorsorge, daß keiner der Verlobten seinen Wohnsitz oder seinen gewöhnlichen Aufenthalt im Inlande hat oder auch nur einer von ihnen ein Deutscher ist. In diesem Falle wird nach § 1320 Abs. 3 der zuständige Standesbeamte von der obersten Aufsichtsbehörde des Bundesstaates, dem der Deutsche angehört, — das ist für Sachsen das Ministerium des Innern — und, wenn dieser keinem Bundesstaat angehört, von dem Reichskanzler bestimmt (vgl. hierzu E.G. Art. 13). Einen Nichtigkeitsgrund bildet die Verletzung dieser Vorschrift natürlich nicht. Sie wissen ja, daß alle Bestimmungen über die Zuständigkeit der Standesbeamten nur Ordnungsvorschriften sind.

Im Anschlusse hieran möchte ich Sie noch darauf hinweisen, daß ein Standesbeamter in Zukunft sein Amt auch in Angelegenheiten ausüben darf, die seine Ehefrau oder Personen betreffen, mit denen er verwandt oder verschwägert ist (Bekantmachung des Reichskanzlers vom 25. März 1899 § 27). Sowie darauf, daß als Standesbeamter für die Eheschließung nach § 1319 B.G.B. (Reichsgesetz vom 4. Mai 1870 § 8 in der Fassung des E.G. Art. 40. II) auch derjenige gilt, der, ohne Standesbeamter zu sein, das Amt eines solchen öffentlich ausübt. Ein Fall, der sich z. B. dann ereignen kann, wenn etwa der bestellte Standesbeamte durch jemand vertreten wird, der seine Berechtigung hierzu nur irrtümlich annimmt.

c) Am wichtigsten sind, wenngleich sich die betreffenden Bestimmungen ebenfalls nur als Ordnungsvorschriften darstellen, die Änderungen, welche die eigentliche Handlung der Eheschließung selbst erfahren hat. Es handelt sich dabei um zwei Neuerungen.

1. Der Standesbeamte soll einmal, nachdem die Verlobten die an sie gerichtete, Ihnen ja bekannte Frage bejaht haben, aussprechen: „daß sie kraft dieses Gesetzes — d. h. des Deutschen Bürgerlichen Gesetzbuchs — nunmehr rechtmäßig verbundene Eheleute seien“ (§ 1318 Abs. 1, Reichsgesetz vom 4. Mai 1870 § 7a Abs. 1 in der Fassung des E.G. Art. 40. II). Also nicht mehr: „daß er sie Kraft des Gesetzes —

d. h. des Personenstandsgesetzes — für rechtmäßig verbundene Eheleute erkläre" (Reichsgesetz vom 6. Februar 1875 § 52). Es ist dies eine Änderung, die bekanntlich vom Centrum durchgesetzt wurde.

2. Und der Standesbeamte soll bei der Eheschließung ferner nur noch solche Großjährige als Zeugen zuziehen, die sich im Besitze der bürgerlichen Ehrenrechte befinden (§ 1318 Abs. 2, Reichsgesetz vom 4. Mai 1870 § 7a Abs. 2 in der Fassung des E.G. Art. 40. II; Reichsgesetz vom 6. Februar 1875 § 53).

Im übrigen wird noch, während dies aus den bisherigen Bestimmungen nur mittelbar zu folgern war, in § 1317 ausdrücklich hervorgehoben, daß die Verlobten vor dem Standesbeamten persönlich zu erscheinen und die Erklärung, die Ehe miteinander eingehen zu wollen, bei gleichzeitiger Anwesenheit abzugeben haben (Reichsgesetz vom 4. Mai 1870 § 7 in der Fassung des E.G. Art. 40. II). Geschieht dies nicht, so gilt die Ehe, wenn sie nicht im Heiratsregister eingetragen ist, überhaupt nicht als geschlossen und daher ohne weiteres als nichtig (§ 1324 Abs. 1, Reichsgesetz vom 4. Mai 1870 § 8a in der Fassung des E.G. Art. 40. II; sächsisches Ges. vom 5. November 1875 § 3). Ist dagegen die Ehe trotz des Formmangels eingetragen worden, so kann ihre Nichtigkeit nur im Wege der Nichtigkeitsklage geltend gemacht werden (§ 1329 letzter Satz).

IV. Abgesehen von dem zuletzt erörterten, rein formalen Nichtigkeitsgrunde, ist eine Ehe nach dem D.G.B. von vornherein nichtig und als solche der Nichtigkeitsklage ausgesetzt (§ 1329), wenn zur Zeit der Eheschließung

a) einer der Ehegatten geschäftsunfähig, bewußtlos oder vorübergehend geistesgestört war (§ 1325; vgl. § 4 des sächsischen Gesetzes vom 5. November 1875, wonach eine solche Ehe zur Zeit nur anfechtbar ist),

b) einer der Ehegatten in einer gültigen Ehe mit einem Dritten lebte (§ 1326; s. oben IIb),

c) die Ehegatten miteinander in gerader Linie verwandt oder verschwägert waren (§§ 1327, 1310 Abs. 1; s. oben IIc 1, 3),

d) den Ehegatten das Eheverbot wegen Ehebruchs entgegenstand (§§ 1328, 1312; s. oben IIc 5; anders § 7 des sächsischen Gesetzes vom 5. November 1875).

In den Fällen a und d ist jedoch die Ehe als von Anfang an gültig zu erachten

zu a: wenn nach dem Wegfalle des Nichtigkeitsgrundes der betreffende Ehegatte die Ehe nachträglich bestätigt,

zu b: wenn später Befreiung gewährt wird (s. oben IIc 5).

V. Eine Ehe kann, wennschon sie vorläufig als gültig anzusehen war, mit der Anfechtungsklage (§§ 1341, 1343) von demjenigen Ehegatten nachträglich als von Anfang an nichtig angefochten werden,

a) der zur Zeit der Eheschließung bez. der zu IV a erwähnten Bestätigung in der Geschäftsfähigkeit beschränkt war, wenn die Eheschließung oder die Bestätigung ohne Einwilligung seines gesetzlichen Vertreters erfolgt ist (§ 1331; vgl. § 6 des sächsischen Gesetzes vom 5. November 1875),

b) der bei der Eheschließung nicht gewußt hat, daß es sich um eine Eheschließung handle, oder dies zwar gewußt hat, aber eine Erklärung, die Ehe eingehen zu wollen, nicht hat abgeben wollen (§ 1332) — also eine bloße Mentalreservation, d. h. ein geheimer Vorbehalt, in Wirklichkeit die Ehe nicht oder nur zum Schein eingehen zu wollen, giebt dem Ehegatten, der diesen Vorbehalt macht, kein Anfechtungsrecht —,

c) der sich bei der Eheschließung in der Person oder in solchen persönlichen Eigenschaften des andern Ehegatten geirrt hat, die ihn bei Kenntnis der Sachlage und bei verständiger Würdigung des Wesens der Ehe von deren Eingehung abgehalten haben würden (§ 1333; vgl. S.G.B. §§ 1595, 1596) — z. B. bei Irrtum über den Gesundheitszustand, das Vorleben des Andern, nicht aber bei Irrtum über die persönlichen Verhältnisse, also über die Vermögens- und Privatverhältnisse des Andern —,

d) der zur Eingehung der Ehe durch arglistige Täuschung über solche Umstände bestimmt worden ist, die ihn hiervon sonst in gleicher Weise abgehalten hätten (§ 1334 Abs. 1), wozu jedoch — abweichend vom sächsischen Recht (S.G.B. § 1597) — wiederum nicht die Vermögensverhältnisse des Andern gehören (§ 1334 Abs. 2),

e) der zur Eingehung der Ehe widerrechtlich durch Drohung bestimmt worden ist (§ 1335; vgl. S.G.B. § 1593).

VI. Teilweise abweichend vom sächsischen Recht wird der Fall der Wiederverheiratung des einen Ehegatten nach erfolgter Todeserklärung des andern behandelt (§§ 1348 ff.; S.G.B. § 1710).

Geht ein Ehegatte, nachdem der andere verschollen und für tot erklärt worden ist, eine neue Ehe ein, so ist diese, auch wenn der für tot erklärte Ehegatte noch lebt, an sich gültig. Die frühere Ehe ist und bleibt mit der neuen Eheschließung aufgelöst, auch wenn die Todeserklärung im Wege der Anfechtungsklage (C.P.O. §§ 973 ff.) beseitigt wird. Sie besteht nur dann fort, wenn beide Ehegatten der neuen Ehe bei deren Eingehung wußten, daß der Verschollene die Todeserklärung überlebt hat. Denn in diesem Falle ist die neue Ehe nichtig.

Insoweit schließt sich das D.G.B. im wesentlichen dem S.G.B. an. Neu ist aber folgendes:

Während nach sächsischem Recht nur der Ehegatte des Verschollenen nach dessen Rückkehr binnen sechs Monaten Scheidung der neuen Ehe verlangen kann, dürfen künftig beide Ehegatten der neuen Ehe diese binnen derselben Frist anfechten. Die Anfechtung ist lediglich dann ausgeschlossen, wenn der anfechtungsberechtigte Ehegatte die neue Ehe nach erlangter Kenntnis vom Leben des Verschollenen bestätigt (§ 1350).

Was den für tot erklärten, aber zurückgekehrten Ehegatten selbst betrifft, so hat er — und hier folgt das D.G.B. wieder dem S.G.B. — kein Recht, die neue Ehe seines früheren Ehegatten anzufechten.

Von Interesse wird Ihnen schließlich noch die Vorschrift sein, daß ein Standesbeamter, vor welchem ein Ehegatte nach erfolgter Todeserklärung des andern eine neue Ehe geschlossen hat, demjenigen Standesbeamten, in dessen Heiratsregister die frühere Ehe eingetragen ist, kostenfrei einen Auszug aus seinem Heiratsregister behufs Beischreibung des Randvermerks zu übersenden hat (Bekanntmachung des Reichskanzlers vom 25. März 1899 § 25 Abs. 2).

VII. Weniger wissenswert dürften für Sie die Vorschriften über die Ehescheidung sein, wie sie denn auch vom Reichsjustizamt, dessen Zusammenstellung ich nunmehr verlasse, nicht mit aufgeführt worden sind. Ihrem Interesse an diesem Gegenstande wird, wie ich annehme, genügt werden, wenn ich Ihnen wenigstens kurz die Scheidungsgründe mitteile, die das neue Recht aufstellt.

Und zwar kommen zunächst

a) nachstehende absolute, d. h. ohne weiteres ausschlaggebende Scheidungsgründe in Betracht:

1. Ehebruch, Doppelehe und widernatürliche Unzucht (§ 1565 Abs. 1, St.G.B. §§ 171, 175; S.G.B. § 1713).

Das Recht des Ehegatten auf Scheidung ist jedoch ausgeschlossen, wenn er dem Ehebruch oder der Notzucht zugestimmt oder sich der Teilnahme schuldig gemacht hat (§ 1565 Abs. 2, St.G.B. §§ 47 ff.; S.G.B. § 1718). Haben dagegen beide Ehegatten Ehebruch getrieben, so kann jeder von ihnen Scheidung verlangen; eine Aufrechnung der beiderseitigen Vergehungen, wie nach sächsischem Recht (S.G.B. § 1722), findet nicht mehr statt.

2. Lebensnachstellung (§ 1566; S.G.B. § 1735),

3. bösliche Verlassung von der Dauer eines Jahres (§ 1567; S.G.B. §§ 1731, 1732);

b) folgende relative, d. h. nur im Falle einer hierdurch verursachten Zerrüttung des Ehelebens beachtliche Scheidungsgründe (§ 1568; vgl dagegen S.G.B. §§ 1733, 1734, 1735, 1740, 1743):

1. schwere Verletzung der ehelichen Pflichten, insbesondere lebensgefährdende Behandlung und schwere Mißhandlung,
2. ehrloses oder unsittliches Verhalten,
3. Geisteskrankheit während eines Zeitraums von mindestens drei Jahren (§ 1569, vgl. C.P.O. § 623; S.G.B. § 1743).

Also auch das neue Recht hält, wie Sie sehen, im allgemeinen an dem Grundsatze fest, daß nur ein schweres Verschulden des einen Ehegatten den andern berechtigt, Scheidung zu fordern. Eine Ausnahme macht nur die, dem sächsischen Rechte entsprechende Zulassung der Geisteskrankheit als Scheidungsgrundes, der indessen erst vom Reichstage und gegen den Beschluß der Reichstagskommission in das D.G.B. aufgenommen worden ist.

Ein Zugeständnis an das Centrum im Reichstage ist die Bestimmung, daß ein Ehegatte, der Scheidung zu verlangen berechtigt ist, statt dessen auf bloße Aufhebung der ehelichen Gemeinschaft klagen kann. Hiervon werden die Katholiken, denen ja die Ehescheidung als Sünde gilt, annehmbar in der Regel Gebrauch machen. Ein Recht, das freilich dann hinfällig wird, wenn der andere Ehegatte, wie dies bei gemischten Ehen vorkommen kann, die Scheidung verlangt, da in diesem Falle hierauf zu erkennen ist. Auch kann nach Aufhebung der ehelichen Gemeinschaft noch nachträglich jeder der Ehegatten auf Grund des früheren Urteils die Scheidung beantragen (§§ 1575, 1576). Die Aufhebung und Wiederherstellung der ehelichen Gemeinschaft ist übrigens vom Standesbeamten, bezw. auf Antrag, am Rande der über die Eheschließung bewirkten Eintragung zu vermerken (§ 55 des Personenstandsgesetzes in der Fassung des E.G. Art. 46. II.).

Von dem Inkrafttreten des D.G.B. an erfolgen die Scheidung und die Aufhebung der ehelichen Gemeinschaft nach den neuen Vorschriften (E.G. Art. 201). Nur für die Wirkung einer beständigen oder zeitweiligen Trennung von Tisch und Bett, auf welche vor dem 1. Januar 1900 erkannt worden ist, bleiben die bisherigen Gesetze maßgebend (E.G. Art. 202, vgl. aber Art. 206).

VIII. Was das Verhältnis der Ehegatten zu einander während des Bestehens der Ehe anlangt, so trifft das D.G.B. hierüber im großen und ganzen ähnliche Bestimmungen, wie das sächsische Recht. Die Ehegatten sind einander zur ehelichen Gemeinschaft verpflichtet, es sei denn, daß sich das hierauf gerichtete Verlangen eines Ehegatten als Mißbrauch seines Rechts darstellt (§ 1353; S.G.B. §§ 1630 ff.). Die Entscheidung in allen das gemeinschaftliche eheliche Leben betreffenden Angelegenheiten, insbesondere die Bestimmung des Wohnorts und der Wohnung, steht dem Manne zu (§ 1354 Abs. 1). Die Frau — das D.G.B. gebraucht nicht mehr die schleppenden Ausdrücke „Ehemann" und „Ehefrau" — ist berechtigt und verpflichtet, den Familiennamen des Mannes zu führen (§ 1355). Sie behält diesen Namen selbst dann, wenn die Ehe geschieden ist (§ 1577 Abs. 1; S.G.B. § 1748). In diesem Falle kann sie jedoch, wenn sie bei dem Standesamt oder der sonst zuständigen Behörde eine dahin gehende Erklärung in öffentlich beglaubigter Form abgiebt, ihren früheren Familiennamen wieder annehmen (§ 1577 Abs. 2; sächsische A.V.O. vom 6. Juli 1899 § 32). Sie ist hierzu sogar verpflichtet, wenn sie im Scheidungsurteile allein für schuldig erklärt worden ist, und der Mann ihr die Führung seines Namens durch eine in gleicher Form abgegebene Erklärung verboten hat (§ 1577 Abs. 3). Selbstverständlich nimmt die Frau auch, wiewohl dies im D.G.B. nicht ausdrücklich erwähnt wird (vgl. dagegen S.G.B. § 1632), an dem Stande des Mannes teil. Die Frau ist ferner berechtigt und verpflichtet, das gemeinschaftliche Hauswesen zu führen und je nach den gegebenen Verhältnissen auch die im Hauswesen und im Geschäfte des Mannes erforderlichen Arbeiten zu verrichten (§ 1356). Sie hat auch künftig die sog. Schlüsselgewalt, d. h. sie ist berechtigt, innerhalb ihres häuslichen Wirkungskreises die Geschäfte des Mannes in seiner Vertretung zu besorgen, soweit sie nicht hierin von ihm ausdrücklich beschränkt wird. Stellt sich die Beschränkung als Mißbrauch seines Rechts dar, so kann die Frau durch das Vormundschaftsgericht, das nach dem D.G.B. überhaupt im Eheleben eine größere Rolle spielen wird, Abhilfe verlangen (§ 1357). Einem Dritten gegenüber hat die Beschränkung nur dann Wirkung, wenn sie im Güterrechtsregister des Amtsgerichts eingetragen oder dem Dritten bekannt war (§§ 1357 letzter Satz, 1435 Abs. 1, vgl. E.G. Art. 16 Abs. 2). Zu einer von ihr in Person zu bewirkenden Leistung — z. B. zur Übernahme eines Gesinde- oder Aufwartedienstes, zur Übernahme eines Lehramtes — kann sich die Frau Dritten gegenüber nur mit Zustimmung des Mannes verpflichten. Andernfalls ist der Mann befugt, sich vom Vormundschaftsgericht zur sofortigen Kündigung des Rechtsverhältnisses ermächtigen zu lassen (§ 1358, Gesindeordnung in der Fassung vom 31. Mai 1898 § 16). Ingleichen kann die Frau nur mit Zustimmung des Mannes über das eingebrachte Gut verfügen und es mit Verbindlichkeiten gegen Dritte belasten (§§ 1395 ff., 1412). Abgesehen von diesen und einigen weniger wesentlichen anderen Beschränkungen aber ist die Frau, im Gegensatze zum sächsischen Recht (S.G.B. § 1638), in Zukunft durchaus geschäftsfähig. Sie bedarf insbesondere nicht der Zustimmung des Mannes (§§ 1406, 1407):

a) zur Annahme oder Ausschlagung einer Erbschaft oder eines Vermächtnisses, zum Verzicht auf den Pflichtteil, sowie zur Errichtung des Inventars über eine angefallene Erbschaft,

b) zur Ablehnung eines Vertragsantrags oder einer Schenkung,

c) zur Vornahme eines Rechtsgeschäfts gegenüber dem Manne,

d) zur Fortsetzung eines zur Zeit der Eheschließung anhängigen Rechtsstreits,

e) zur gerichtlichen Geltendmachung eines zum eingebrachten Gute gehörenden Rechts gegen den Mann, oder wenn dieser ohne ihre Einwilligung darüber verfügt hat, auch gegen einen Dritten, und

f) zur gerichtlichen Geltendmachung eines Widerspruchsrechts gegenüber einer Zwangsvollstreckung.

Das Reichsgesetz geht also zu gunsten der Frau bedeutend weiter, als das sächsische Recht, das sie von der Einwilligung des Mannes bezüglich aller Rechtsgeschäfte abhängig macht, durch welche sie nicht lediglich erwirbt (S.G.B. §§ 1638, 1641).

IX. Das eheliche Güterrecht beruht nach dem D.G.B. entweder auf Gesetz oder auf Vertrag.

a) Nach dem gesetzlichen Güterrecht, das in der Hauptsache dem sächsischen Rechte folgt, hat der Mann an dem Vermögen der Frau, das sie zur Zeit der Eheschließung besitzt oder während der Ehe erwirbt, das Recht der Verwaltung und Nutznießung (§§ 1363, 1383; S.G.B. § 1655). Ausgenommen hiervon ist nur das sog. Vorbehaltsgut der Frau, über das sie allein und ohne jede Beschränkung verfügen darf (§§ 1365, 1371; S.G.B. § 1640). Das Vorbehaltsgut umfaßt:

1. die ausschließlich zum Gebrauche der Frau bestimmten Sachen, insbesondere Kleider, Schmucksachen und Arbeitsgeräte (§ 1366; S.G.B. § 1656);
2. was die Frau durch ihre Arbeit oder durch den selbständigen Betrieb eines Erwerbsgeschäfts erwirbt (§ 1367; anders S.G.B. § 1668);
3. was durch Ehevertrag für Vorbehaltsgut erklärt ist (§§ 1368, 1432 ff.; S.G.B. § 1694);
4. was die Frau von Todeswegen oder unter Lebenden mit der ausdrücklichen Bestimmung als Vorbehaltsgut erwirbt (§ 1369; S.G.B. §§ 1693, 1694);

5. was die Frau auf Grund eines zu ihrem Vorbehaltsgute gehörenden Rechts oder als Ersatz für einen zu ihrem Vorbehaltsgute gehörigen Gegenstand erwirbt (§ 1370; S.G.B. § 1693).

Das sonstige Vermögen der Frau anlangend, so wird der zuletzt genannten Vorschrift entsprechend bestimmt, daß bewegliche Sachen, die der Mann mit Mitteln des eingebrachten Gutes erwirbt, im Zweifel in das Eigentum der Frau übergehen (§ 1381; S.G.B. §§ 1672 ff.). Und ferner, daß Haushaltsgegenstände, die der Mann als Ersatz für nicht mehr vorhandene oder wertlos gewordene Stücke anschafft, als eingebrachtes Gut gelten (§ 1382). Im übrigen wird zu gunsten der Gläubiger des Mannes auch künftig bis zum Gegenbeweis vermutet, daß alle beweglichen Sachen, insbesondere auch Inhaberpapiere, dem Manne gehören. Die gegenteilige Vermutung streitet nur für die ausschließlich zum Gebrauche der Frau bestimmten Sachen — s. oben unter 1 — (§ 1362; S.G.B. § 1656).

Als Gegenleistung für das ihm zustehende Verwaltungs- und Nutznießungsrecht hat der Mann den gesamten ehelichen Aufwand zu tragen und hierzu, wenn nötig, den Reinertrag des eingebrachten Gutes zu verwenden (§ 1389). Der Mann hat weiter die der Frau obliegenden privaten und öffentlichen Lasten sowie die Zinsen zu bezahlen, soweit die Berichtigung aus dem eingebrachten Gute verlangt wird (§§ 1385, 1386; S.G.B. §§ 1655, 612). Und zwar haftet er insoweit, was Sie besonders in Ansehung der öffentlichen Lasten interessieren wird, den Gläubigern gegenüber neben der Frau als Gesamtschuldner (§ 1388). Ist durch das Verhalten des Mannes die Besorgnis einer erheblichen Gefährdung des eingebrachten Gutes begründet, so kann die Frau entweder vom Manne Sicherheitsleistung verlangen (§ 1391; S.G.B. § 1684) oder auf Aufhebung der Verwaltung und Nutznießung klagen (§ 1418 Nr. 1; S.G.B. § 1684). In letzterem Falle tritt, sobald die Aufhebung der Verwaltung und Nutznießung durch rechtskräftiges Urteil ausgesprochen ist, Gütertrennung ein (§ 1426; S.G.B. § 1693). Auch dann hat jedoch der Mann noch den ehelichen Aufwand zu tragen, während ihm die Frau hierzu aus den Erträgnissen ihres Vermögens, ihrer Arbeit oder ihres Erwerbsgeschäftes einen angemessenen Beitrag zu leisten hat (§ 1427). Einem Dritten gegenüber ist die Gütertrennung nur wirksam, wenn sie in das Güterrechtsregister eingetragen oder ihm bekannt war (§§ 1431 Abs. 1, 1435).

b) Wollen die Ehegatten ihre Vermögensverhältnisse in anderer Weise regeln, insbesondere nach Eingehung der Ehe den Güterstand aufheben oder ändern, so können sie vor Gericht oder vor einem Notar einen sog. Ehevertrag schließen (§§ 1432, 1434; S.G.B. § 1691). Ein solcher Vertrag hat einem Dritten gegenüber, wenn er davon nicht unterrichtet war, nur im Falle der Eintragung in das Güterrechtsregister Wirkung (§ 1435). Im einzelnen unterscheidet das D.G.B. drei Arten des vertragsmäßigen Güterrechts, die ich, um nicht zu ausführlich zu werden, nur in den Grundzügen aufführen will:

1. Die allgemeine Gütergemeinschaft (§§ 1437 ff.; S.G.B. § 1695),

wonach überhaupt alles Vermögen der Ehegatten,

2. die sog. Errungenschaftsgemeinschaft (§§ 1519 ff.),

wonach nur ihr gesamtes Einkommen während der Ehe, und

3. die sog. Fahrnisgemeinschaft (§§ 1549 ff.),

wonach alles, was die Ehegatten bei Eingehung der Ehe besitzen oder während deren Dauer an beweglichem Vermögen überhaupt, an unbeweglichem aber durch Schenkung oder als Ausstattung oder von Todes wegen erwerben, unter der Verwaltung des Mannes ein Gesamtgut bildet. Ausgenommen hiervon ist bei sämtlichen drei Arten lediglich das Vorbehaltsgut der Frau. Im übrigen ist noch zu bemerken, daß in allen drei Fällen der Anteil eines Ehegatten an dem Gesamtgut der Pfändung ebensowenig unterworfen ist, wie das Nutznießungsrecht des Mannes beim gesetzlichen Güterstande (C.P.O. §§ 860, 861).

Für den Güterstand einer zur Zeit des Inkrafttretens des D.G.B. schon bestehenden Ehe bleiben an sich die bisherigen Gesetze maßgebend (E.G. Art. 200). Indessen wird durch § 34 des sächsischen A.Ges. vom 18. Juni 1898 bestimmt, daß Ehegatten, die seither nach gesetzlichem Güterrechte lebten, von diesem Zeitpunkte an den Vorschriften des D.G.B. über den Güterstand der Verwaltung und Nutznießung unterworfen sein sollen. Das gleiche gilt von den Vorschriften des D.G.B. über die allgemeine Gütergemeinschaft und, wenn der Frau die freie Verfügung über ihr Vermögen durch Ehevertrag vorbehalten worden ist, auch von den Vorschriften des D.G.B. über die Gütertrennung.

X. Genauer werden Sie die über die Unterhaltspflicht erlassenen neuen Vorschriften behandelt wissen wollen, deren Kenntnis für Sie ja im Hinblick auf die den Gemeindeverwaltungen obliegende Armenpflege besonders wichtig ist. Wie Ihnen bekannt ist, hat nach §§ 4, 5, 23 der sächsischen Armenordnung vom 22. Oktober 1840 nur derjenige Anspruch auf öffentliche Versorgung und Unterstützung, der die zum Leben unentbehrlichen Bedürfnisse weder selbst erwerben, noch von unterhaltspflichtigen Personen erlangen kann (vgl. auch E.G.

Artt. 32, 103, Unterstützungswohnsitzgesetz vom 6. Juni 1870 § 62). Die Armenbehörde wird daher in allen Fällen, in denen ihr die Hilfsbedürftigkeit des Nachsuchenden nicht schon bekannt ist, zu erforschen haben, ob ihm etwa unterhaltspflichtige Personen zur Seite stehen. Denn sie wird, wenn letzteres zutrifft, in der Lage sein, nicht nur den Nachsuchenden an diese Personen zu verweisen, sondern auch von ihnen für etwa schon gemachte Aufwendungen Ersatz zu verlangen (E.G. Art. 103; Armenordnung §§ 7, 65—67).

Das D.G.B. bestimmt nun in der in Rede stehenden Richtung folgendes:

a) Zunächst sind Verwandte in gerader Linie, also namentlich Eltern und Kinder, auch durch nachfolgende Ehe legitimierte, für ehelich erklärte, angenommene und solche Kinder, die aus einer Putativehe stammen, verpflichtet, einander gegenseitig zu unterhalten (§§ 1601, 1589, 1719 ff., 1723 ff., 1741 ff., 1699 ff.; S.G.B. § 1837 ff.). Ein minderjähriges unverheiratetes Kind ist sogar dann unterhaltsberechtigt, wenn es eignes Vermögen hat, sofern nur die Einkünfte hiervon zu seinem Lebensbedarf nicht ausreichen (§ 1602 Abs. 2, vgl. S.G.B. § 1845); die Eltern dürfen daher nicht einmal in diesem Falle das Kapital des Kindes angreifen. Auf der anderen Seite haben sie selbst, wenn nötig, mit Gefährdung ihres standesgemäßen Auskommens alle ihnen nur verfügbaren Mittel zum Unterhalte ihrer Kinder aufzuwenden (§ 1603). Ja, es wird sogar im Zweifel angenommen, daß Eltern, die über ihre gesetzliche Verpflichtung hinaus ihren Kindern Unterhalt gewährt haben, hierbei nicht in der Absicht thätig geworden sind, von ihnen Ersatz zu verlangen (§ 685 Abs. 2; S.G.B. §§ 1353, 1354). Hat der Vater das Recht des Kindes auf Gewährung des Unterhalts verletzt, und ist für die Zukunft eine erhebliche Gefährdung des Unterhalts zu besorgen, so kann ihm auch die Verwaltung und Nutznießung bezüglich des Kindesvermögens entzogen werden (§ 1666 Abs. 2, vgl. unten E. II a 4 b). Für Stiefeltern und Stiefkinder, geschweige dann für Schwiegereltern und Schwiegerkinder besteht, wie sich von selbst versteht, keine gegenseitige Unterhaltspflicht. Aber auch für die Geschwister ist eine solche, wenn dies auch im ersten Entwurfe vorgesehen war, nicht eingeführt worden.

Was die Reihenfolge der Verpflichteten anlangt, so sind

1. die Abkömmlinge vor den Verwandten der aufsteigenden Linie unterhaltspflichtig. Die Reihenfolge, in der die Abkömmlinge heranzuziehen sind, bestimmt sich wieder nach der gesetzlichen Erbfolge, auf die ich noch einzugehen haben werde, und nach dem Verhältnisse der dabei in Betracht kommenden Erbteile (§ 1606 Abs. 1). Von den

Verwandten der aufsteigenden Linie haften die näheren vor den entfernteren, mehrere gleich nahe zu gleichen Teilen (§ 1606 Abs. 2 Satz 2).

Sind mehrere Bedürftige vorhanden und ist der Unterhaltspflichtige außer stande, allen Unterhalt zu gewähren, so gehen unter ihnen die Abkömmlinge den Verwandten der aufsteigenden Linie vor. Unter den Abkömmlingen gehen wieder diejenigen vor, die im Falle der gesetzlichen Erbfolge als Erben berufen sein würden. Und unter den Verwandten der aufsteigenden Linie jedesmal die näheren. (§ 1609 Abs. 1.)

2. Unter den Eltern haftet der Vater vor der Mutter, es sei denn, daß dieser die Nutznießung am Vermögen des Kindes zusteht (§ 1606 Abs. 2 letzter Satz). Letzterer Fall tritt nämlich dann ein, wenn die elterliche Gewalt — und auch hierauf werde ich noch kommen — in den Händen der Mutter ruht (§§ 1684, 1686, 1649). Selbst durch die Ehescheidung wird an diesem Rechtsverhältnis an sich nichts geändert. Hat aber der Mann einem gemeinschaftlichen Kinde Unterhalt zu gewähren, so ist die Frau verpflichtet, ihm hierzu aus ihrem Einkommen einen angemessenen Beitrag beizusteuern. Sie ist von dieser Verpflichtung nur dann befreit, wenn die Kosten für den Unterhalt des gemeinschaftlichen Kindes schon durch die dem Manne am Vermögen des Kindes zustehende Nutznießung gedeckt werden. (§ 1585; S.G.B. § 1749.)

3. Auch bezüglich der unehelichen Kinder ist der Vater vor der Mutter und den mütterlichen Verwandten unterhaltspflichtig (§ 1709 Abs. 1; S.G.B. §§ 1862, 1868). Und zwar ist seine Unterhaltspflicht künftig wesentlich weitgreifender, als bisher. Während nach sächsischem Recht (S.G.B. § 1858) der Schwängerer einer Frauensperson dieser nur einen Beitrag zum Unterhalte des Kindes zu geben hat, ist er für dieses nach dem Reichsgesetz allein unterhaltspflichtig (§ 1708 Abs. 1). Seine Verpflichtung endigt auch nicht, wie nach sächsischem Recht (S.G.B. § 1862) mit dem erfüllten vierzehnten, sondern erst mit dem vollendeten sechzehnten Lebensjahre des Kindes. Er hat ihm sogar über diesen Zeitpunkt hinaus Unterhalt zu gewähren, wenn es infolge körperlicher oder geistiger Gebrechen außer stande ist, für sich selbst zu sorgen (§ 1708 Abs. 2). Der Unterhalt muß der Lebensstellung der Mutter entsprechen und den gesamten Lebensbedarf sowie die Kosten der Erziehung und der Vorbildung zu einem Berufe, umfassen. Soweit die Mutter oder ein unterhaltspflichtiger mütterlicher Verwandter dem Kinde den Unterhalt gewährt, geht der gegen den Vater begründete Anspruch kraft Gesetzes auf die Mutter oder deren Verwandte über (§ 1709 Abs. 2). Der Unterhaltsanspruch kann auch auf die

Vergangenheit gerichtet werden (§ 1711; S.G.B. § 1868) und erlischt nicht mit dem Tode des Vaters (§ 1712 Abs. 1 Satz 1; S.G.B. § 1873). Er steht dem Kinde auch dann zu, wenn der Vater vor der Geburt des Kindes gestorben ist (§ 1712 Abs. 1 Satz 2). Selbst nach dem Tode des Kindes besteht der Anspruch fort, soweit er auf Erfüllung oder Schadensersatz wegen Nichterfüllung abzielt. Dabei hat der Vater auch noch die Kosten für die Beerdigung des Kindes zu tragen, dafern sie nicht von dessen Erben zu erlangen sind (§ 1713; S.G.B. § 1868).

Damit sind die Verpflichtungen des außerehelichen Vaters jedoch noch nicht erschöpft. Er hat auch der Mutter, und zwar nicht nur, wie bisher, die Kosten der Entbindung und Taufe, sondern auch ihren Unterhalt für die ersten sechs Wochen nach der Geburt des Kindes zu bezahlen. Sind der Mutter infolge der Schwangerschaft oder der Entbindung noch weitere Aufwendungen erwachsen, z. B. die Verläge für eine Stellvertreterin im Dienste u. s. w., so hat er auch diese zu vergüten. Die Ansprüche hierauf stehen der Mutter auch dann zu, wenn der Vater vor der Geburt des Kindes gestorben oder dieses tot geboren ist. (§ 1715; S.G.B. §§ 1858, 1861.)

Die Verbindlichkeiten des Schwängerers sind also keine geringen. Allein seine Stellung ist nach dem neuen Rechte in anderer Hinsicht sehr erheblich verbessert worden. Abgesehen davon, daß in Zukunft regelmäßig nur noch die unbescholtene Braut des Schwängerers eine Schwächungsentschädigung verlangen kann (§§ 1300, 825, vgl. S.G.B. § 1551), ist — im Gegensatze zum sächsischen Recht (S.G.B. § 1872) — nach dem D.G.B. die Einrede der mehreren Zuhälter zulässig (§ 1717 Abs. 1). Während also nach sächsischem Recht diejenigen, die der Mutter des unehelichen Kindes innerhalb der Empfängniszeit beigewohnt haben, als Gesamtschuldner haften, hat künftig zutreffenden Falls ein jeder von ihnen die Einrede, daß ein anderer mit ihr während dieser Zeit den Beischlaf vollzogen habe. Kann er das nachweisen, so ist er von jeder Unterhaltspflicht frei und das Kind fällt, wenn die Mutter oder ihre Verwandten es nicht ernähren können, der Armenpflege zur Last. Nur wer seine Vaterschaft nach der Geburt des Kindes in einer öffentlichen, z. B. standesamtlichen Urkunde anerkannt hat, kann die Einrede der mehreren Zuhälter nicht geltend machen (§ 1718, Bekanntmachung des Reichskanzlers vom 25. März 1899 §§ 14 bis 16). Sie werden sich hiernach selbst sagen, wie schwer die Einführung dieser Einrede künftig von den Armenkassen empfunden werden wird.

Als Empfängniszeit gilt übrigens, um auch diese Abweichung zu erwähnen, die Zeit vom einhundert ein und achtzigsten (also nicht mehr einhundert zwei und achtzigsten) bis zum dreihundertundzweiten Tage vor der Geburt des Kindes (§ 1717 Abs. 2; S.G.B. § 1859). Weiter ist noch hervorzuheben, daß uneheliche Kinder, die aus einer, beiden Ehegatten von vornherein als nichtig bekannten Ehe stammen, gegen den Vater, solange er lebt, vollen Unterhalt, wie eheliche Kinder, zu beanspruchen haben (§ 1703). Endlich, daß für die rechtliche Stellung eines vor dem 1. Januar 1900 geborenen unehelichen Kindes hinsichtlich der Erforschung der Vaterschaft und Unterhaltspflicht des Vaters die bisherigen Gesetze maßgebend bleiben (E.G. Art. 208 Abs. 1).

b) Außer den Verwandten in gerader Linie haben sich auch die Ehegatten gegenseitig zu unterhalten. Und zwar gelten die insoweit in Frage kommenden Vorschriften auch für diejenigen Ehen, die zur Zeit des Inkrafttretens des D.G.B. bereits bestehen (E.G. Art. 199). Naturgemäß ist der Mann vor der Frau zum Unterhalte verpflichtet. Er hat ihr diesen je nach Maßgabe seiner Lebensstellung, seines Vermögens und seiner Erwerbsfähigkeit zu gewähren. Nur wenn der Mann außer stande ist, für sich selbst zu sorgen, hat ihn die Frau seiner Lebensstellung entsprechend nach Maßgabe ihres Vermögens und ihrer Erwerbsfähigkeit zu unterhalten (§ 1360; S.G.B. § 1634, 1637).

Abweichend hiervon wird die Unterhaltspflicht für den Fall der Ehescheidung geregelt. In diesem Falle hat der für allein schuldig erklärte Ehegatte dem anderen den standesgemäßen Unterhalt nur insoweit zu gewähren, als der andere ihn nicht aus seinen Einkünften selbst bestreiten kann (§ 1578; S.G.B. § 1750). Die Unterhaltspflicht der geschiedenen Ehegatten erlischt nicht mit dem Tode des Verpflichteten (§ 1582; vgl. dagegen S.G.B. § 1853), wohl aber mit der Wiederverheiratung des Berechtigten (§ 1581). Ist die Ehe wegen Geisteskrankheit eines Ehegatten geschieden, so hat ihm der andere in gleicher Weise Unterhalt zu gewähren, wie ein allein für schuldig erklärter Ehegatte (§ 1583; S.G.B. § 1751). Dasselbe gilt im Falle der Nichtigkeitserklärung oder Auflösung einer nichtigen Ehe hinsichtlich desjenigen Ehegatten, dem die Nichtigkeit der Ehe bekannt war, zu gunsten des gutgläubigen Ehegatten (§ 1345; S.G.B. §§ 1628, 2054). Und ebenso im Falle der Anfechtung der neuen Ehe durch den Ehegatten des zurückgekehrten Verschollenen hinsichtlich des anfechtenden zu gunsten des gutgläubigen anderen Ehegatten der neuen Ehe (§ 1351; S.G.B. § 1710).

c) Das Verhältnis zwischen der Unterhaltspflicht der Ehegatten und derjenigen der Verwandten wird in der Weise geordnet, daß der Ehegatte des Bedürftigen vor dessen Verwandten haftet.

Die umgekehrte Reihenfolge tritt nur dann ein, wenn der Ehegatte bei Berücksichtigung seiner sonstigen Verpflichtungen nicht in der Lage ist, ohne Gefährdung seines standesgemäßen Auskommens den Unterhalt zu gewähren (§ 1608). Als Unterhaltsberechtigter steht der Ehegatte den minderjährigen unverheirateten Kindern gleich. Er geht anderen Kindern und den übrigen Verwandten vor. Ein geschiedener Ehegatte und ein solcher, dessen Ehe wegen Rückkehr des Verschollenen angefochten wurde, hat dagegen nur den Vorzug vor den volljährigen oder verheirateten Kindern und den übrigen Verwandten (§ 1609 Abs. 2).

d) Was das Maß des zu gewährenden Unterhalts betrifft, so bestimmt es sich, soweit sich nicht aus dem zu a) und b) Gesagten Ausnahmen ergeben, nach der Lebensstellung des Bedürftigen. Der Unterhalt muß standesgemäß sein und den gesamten Lebensbedarf umfassen. Bei einer der Erziehung bedürftigen Person sind auch die Kosten der Erziehung und der Vorbildung zu einem Berufe aufzubringen. (§ 1610; S.G.B. §§ 1846, 1847). Wer jedoch durch sein sittliches Verschulden bedürftig geworden ist, kann nur den notdürftigen Unterhalt fordern (§ 1611 Abs. 1, s. auch Abs. 2 und 3). In diesem Umfange steht der Unterhaltsanspruch insbesondere auch demjenigen Berechtigten zu, der sich in Untersuchungs- oder Strafhaft befindet. Und mit derselben Maßgabe können künftig auch die Gemeinden für den Unterhalt, den sie einer im Ortsgefängnisse untergebrachten Person gewährt haben, Ersatz von jedem Unterhaltspflichtigen verlangen (sächsisches A.Ges. vom 18. Juni 1898 § 6 Abs. 2). Also nicht bloß, wie nach sächsischem Recht (S.G.B. §§ 1680, 1826), vom Ehemann oder vom Vater eines unter seiner Gewalt stehenden Kindes.

Die Form, in der der Unterhalt zu entrichten ist, ist regelmäßig die einer, für drei Monate vorauszahlbaren Geldrente. Der Verpflichtete kann jedoch verlangen, daß ihm die Gewährung des Unterhalts in anderer Art gestattet wird, wenn besondere Gründe es rechtfertigen (§§ 1612 Abs. 1, 760 Abs. 2; vgl. dagegen S.G.B. § 1850). Nur dem außerehelichen Vater steht dieses Recht nicht zu; er hat den Unterhalt für das uneheliche Kind vielmehr ausnahmslos in Form einer Geldrente zu leisten (§ 1710 Abs. 1; S.G.B. §§ 1862, 1863). Anders wiederum verhält es sich mit der Unterhaltspflicht der Ehegatten. Hier gilt als Regel, daß der Unterhalt nicht in einer Geldrente, sondern in der durch die eheliche Lebensgemeinschaft gebotenen Weise zu gewähren ist (§ 1360 Abs. 3; S.G.B. §§ 1634, 1637). Lediglich in zwei Fällen hat die Leistung des Unterhalts in Form einer Geldrente zu erfolgen:

1. Wenn die Ehegatten getrennt leben, weil einer von ihnen berechtigter Weise die Herstellung des ehelichen Lebens verweigert (§ 1361; S.G.B. §§ 1758, 1759), und

2. wenn die Scheidung der Ehe stattgefunden hat und der Berechtigte aus triftigen Gründen eine Abfindung in Kapital verlangt (§ 1580).

e) Hierneben möchte ich noch nachstehende Vorschriften über die Unterhaltspflicht einschalten, die, wennschon sie zum Teil nicht dem Familienrecht angehören, doch für Sie von Wichtigkeit sein könnten:

1. Im Interesse der öffentlichen Armenpflege ist in Übereinstimmung mit dem sächsischen Rechte (S.G.B. § 1852) bestimmt, daß — vom Falle der Ehescheidung abgesehen — für die Zukunft nicht auf den Unterhalt verzichtet werden kann (§§ 1614 Abs. 1, 1714 Abs. 2, 1360 Abs. 3).

2. Ist ein unterhaltspflichtiger Schenker durch die Vollziehung der Schenkung außer stande gesetzt worden, seine Unterhaltspflicht gegen seine Verwandten oder seinen Ehegatten zu erfüllen, so kann er das Geschenk zurückfordern. Der Beschenkte ist aber berechtigt, die Herausgabe dadurch abzuwenden, daß er selbst in die Unterhaltspflicht eintritt (§ 528, vgl. § 2295).

3. Die Schadensersatzpflicht wegen unerlaubter Handlungen, mit Ausnahme der Körperverletzung und Tötung, ist insoweit ausgeschlossen, als dadurch dem Verpflichteten die Mittel zur Erfüllung seiner gesetzlichen Unterhaltspflicht entzogen werden würden (§§ 829, 843 Abs. 2, 844 Abs. 2; S.G.B. §§ 1491, 1492). Im Falle der Tötung eines Unterhaltspflichtigen hat der Ersatzpflichtige dem Unterhaltsberechtigten durch Entrichtung einer Geldrente insoweit zu entschädigeen, als der Getötete während der mutmaßlichen Dauer seines Lebens zur Gewährung des Unterhalts verbunden gewesen sein würde (§ 844 Abs. 2).

4. Familienangehörige des Erblassers, die zur Zeit seines Todes zu seinem Haushalt gehörten und von ihm Unterhalt bezogen haben, können diesen, wie nach sächsischem Recht (S.G.B. § 2249), in den ersten dreißig Tagen nach dem Erbfalle im bisherigen Umfange von den Erben verlangen (§ 1969).

5. Ist zur Zeit des Erbfalles die Geburt eines Erben zu erwarten, so kann die Mutter, falls sie sich nicht selbst zu ernähren vermag, bis zur Entbindung ihren standesgemäßen Unterhalt aus dem Nachlasse, bezw. aus dem Erbteile des Kindes verlangen (§ 1963; vgl. S.G.B. § 2345 hinsichtlich der Witwe des Erblassers).

6. Im Konkurse können Unterhaltsansprüche, einschließlich der Ansprüche der außerehelichen Mutter gegen den Schwängerer (s. oben

X a 3), für die Zukunft nur geltend gemacht werden, soweit der Gemeinschuldner als Erbe des Verpflichteten haftet (K.O. § 3, Abs. 2).

Soviel über die Unterhaltspflicht. Indem ich nunmehr wieder zum Familienrecht zurückkehre, gestatte ich mir Sie

XI. auf einige Bestimmungen aufmerksam zu machen, welche das sonstige Rechtsverhältnis zwischen den Eltern und Kindern betreffen (vgl. E.G. Art. 203).

a) Wie seither (S.G.B. § 1801) erhält das eheliche Kind, ingleichen das legitimierte, für ehelich erklärte und aus einer Putativehe stammende Kind (§§ 1719, 1736, 1699), den Familiennamen des Vaters (§ 1616 Abs. 1), das außereheliche Kind denjenigen der Mutter (§ 1706 Abs. 1). Führt die außereheliche Mutter infolge ihrer Verheiratung einen anderen Namen, so erhält das Kind — und auch das entspricht dem seitherigen Rechte — den Familiennamen, den die Mutter vor der Verheiratung geführt hat (vgl. aber E.G. Art. 208 Abs. 1). Der Ehemann der Mutter, nicht etwa auch der außereheliche Vater, kann jedoch durch eine öffentlich beglaubigte Erklärung vor dem Standesamte dem Kinde, wenn dieses und die Mutter einwilligen, seinen Namen erteilen (§ 1706 Abs. 2). Das angenommene Kind bekommt künftig regelmäßig den Familiennamen des Annehmenden. Wird es von einer Frau angenommen, die infolge ihrer Verheiratung einen anderen Namen führt, so erhält es den Familiennamen, den die Frau vor der Verheiratung hatte. Wird das Kind von einem Ehepaare gemeinschaftlich angenommen oder nimmt ein Ehegatte ein Kind des anderen an, so führt es den Familiennamen des Mannes. Das Kind darf aber in allen diesen Fällen dem neuen Namen seinen früheren Familiennamen hinzufügen, während nach sächsischem Recht (S.G.B. § 1796) das Kind gerade umgekehrt seinem Familiennamen denjenigen des Annehmenden hinzufügen darf (§§ 1758, 1757 Abs. 2). Im übrigen bewendet es dabei, daß Kinder aller dieser Gattungen, Vornamen zu erhalten haben (§ 22 Nr. 1 des Personenstandsgesetzes), und daß der Standesbeamte die Eintragung unchristlicher oder sonst anstößiger Vornamen ablehnen soll (§ 8 der sächsischen V.O. vom 13. Dezember 1876).

b) Gleichfalls dem sächsischen Rechte (S.G.B. § 1806) entspricht die Vorschrift, daß eheliche Kinder, solange sie dem elterlichen Hausstande angehören und von den Eltern erzogen oder unterhalten werden, ihnen in ihrem Hauswesen und Geschäfte zur Dienstleistung verpflichtet sind (§ 1617).

c) Neu dagegen ist, daß Eltern, durch welche volljährige, aber dem elterlichen Hausstande noch angehörige Kinder ihr Vermögen verwalten lassen, die Einkünfte hiervon im Zweifel nach freiem Ermessen verwenden dürfen (§ 1619).

d) Der Vater und, wenn er unvermögend oder gestorben ist, die Mutter sind verpflichtet, der Tochter bei ihrer Verheiratung zur Errichtung des Haushalts eine angemessene Aussteuer zu gewähren (§ 1620; S.G.B. §§ 1661 ff.). Sie können ihr diese nur dann verweigern, wenn sich die Tochter ohne die erforderliche elterliche Einwilligung verheiratet (s. oben II a) oder einer Verfehlung schuldig gemacht hat, die den Verpflichteten berechtigt, ihr den Pflichtteil zu entziehen (s. unten E. II a, § 1621). Auch kann die Tochter eine Aussteuer nicht verlangen, wenn sie eine solche schon für eine frühere Ehe erhalten hatte (§ 1622; vgl. § 1655). Der Anspruch auf die Aussteuer geht zwar auf die Erben der Tochter über, ist aber sonst nicht übertragbar und verjährt in einem Jahre von Eingehung der Ehe an (§ 1623; S.G.B. § 1666).

e) Eine Rechtspflicht, den Kindern, also den Töchtern und Söhnen, abgesehen von der ersteren zukommenden Aussteuer, eine Ausstattung mit Rücksicht auf ihre Verheiratung oder auf die Erlangung einer selbständigen Lebensstellung zu gewähren, wird auch im D.G.B. nicht anerkannt. Wird jedoch eine solche Ausstattung verabfolgt, so gilt sie nur insoweit als Geschenk, als sie das den Umständen, insbesondere den Vermögensverhältnissen des Vaters entsprechende Maß übersteigt (§ 1624, vgl. unten E. I a 1).

XII. Höchst wichtig ist die Einführung der elterlichen Gewalt an Stelle der väterlichen Gewalt, wie wir sie bisher hatten, bez. zur Zeit noch haben (S.G.B. §§ 1808 ff.).

a) Die elterliche Gewalt begründet an sich für beide Eltern das Recht und die Pflicht, für die Person und das Vermögen ihrer ehelichen Kinder zu sorgen. Der grundsätzlichen Regelung des Verhältnisses zwischen Ehegatten (s. oben unter VIII) entspricht es jedoch, daß bei Lebzeiten beider Eltern die Mutter auch hier zurücktritt und die elterliche Gewalt daher in erster Linie in den Händen des Vaters liegt (§§ 1626, 1627; S.G.B. §§ 1808, 1811). Nur die Sorge für die Person des Kindes steht neben dem Vater auch der Mutter zu, doch geht in dieser Hinsicht bei Meinungsverschiedenheiten zwischen den Eltern die Meinung des Vaters vor (§ 1634; S.G.B. § 1802). Ist die Ehe aus einem andern Grunde, als wegen Geisteskrankheit, geschieden (s. oben unter VII a), so steht, solange die geschiedenen Ehegatten leben, die Sorge für die Person des Kindes, wenn nur ein Ehegatte allein für schuldig erklärt worden ist, dem anderen Ehegatten zu. Sind beide Ehegatten für schuldig erklärt worden, so steht die Sorge für die Person eines Sohnes unter sechs Jahren oder einer Tochter der Mutter zu, für die Person eines Sohnes aber, der über sechs Jahre alt ist, dem Vater (vgl. auch § 1637). Das Reichsgesetz weicht hier vom sächsischen Recht insofern ab, als bisher ohne Rücksicht auf die Schuldfrage Kinder unter sechs Jahren der Mutter und Kinder über sechs Jahren dem Vater zu überlassen sind (S.G.B. § 1749). Indessen kann, wie nach sächsischem Rechte, so auch nach dem D.G.B. das Vormundschaftsgericht im Interesse der Kinder aus besonderen Gründen abweichende Anordnungen treffen (§ 1635 Abs. 1). In jedem Falle aber bleibt unter allen Umständen beiden Ehegatten das Recht, mit den Kindern persönlich zu verkehren, wennschon auch der Verkehr selbst durch das Vormundschaftsgericht näher geregelt werden kann (§ 1636).

Abgesehen von diesen Fällen kommt die elterliche Gewalt der Mutter zu (s. unten XVIII),

1. wenn der Vater gestorben oder für tot erklärt ist (§ 1684 Nr. 1);

2. wenn dem Vater bei Eingehung der Ehe deren Nichtigkeit bekannt war (§ 1701);

3. wenn er die elterliche Gewalt verwirkt hat und die Ehe aufgelöst ist (§ 1684 Nr. 2). Die Verwirkung der elterlichen Gewalt des Vaters tritt ein, wenn er wegen eines an dem Kinde verübten Verbrechens oder vorsätzlich verübten Vergehens rechtskräftig zu Zuchthausstrafe oder zu einer Gefängnisstrafe von mindestens sechs Monaten verurteilt worden ist (§ 1680). Bis zur Auflösung der Ehe wird dem Kinde ein Vormund bestellt (§ 1698).

Die elterliche Gewalt geht ferner auf die Mutter über:

4. wenn diejenige des Vaters ruht (§ 1685 Abs. 1). Dies ist der Fall, wenn er nach vormundschaftsgerichtlicher Feststellung an der Ausübung der elterlichen Gewalt auf längere Zeit thatsächlich verhindert ist (§ 1677) oder wenn er die Geschäftsfähigkeit, z. B. infolge von Geisteskrankheit, Geistesschwäche u. s. w., ganz oder teilweise verloren hat (§ 1676; S.G.B. § 1834).

Ganz in gleicher Weise, wie bezüglich der ehelichen Kinder, ist die elterliche Gewalt auch bezüglich der durch nachfolgende Ehe legitimierten, der für ehelich erklärten Kinder und der Kinder aus Putativehen geregelt (§§ 1719, 1736 und 1699; S.G.B. §§ 1780, 1781, 1783, 1771 ff.). Angenommene Kinder stehen unter der elterlichen Gewalt des Annehmenden (§ 1757 Abs. 1; S.G.B. § 1797). Über uneheliche Kinder wird überhaupt keine elterliche Gewalt ausgeübt, auch nicht von der Mutter. Diese hat jedoch das Recht und die Pflicht, für die Person des Kindes zu sorgen, und kann auch zu dessen Vormunde bestellt werden (§§ 1707, 1778 Abs. 3, s. unten XIII a; S.G.B. §§ 1922, 1923, 1885 Nr. 1, 1890, 1874).

Stiefeltern oder Großeltern steht ein der elterlichen Gewalt entsprechendes Recht nicht zu.

b) Was die Dauer der elterlichen Gewalt anlangt, so findet sie nur während der Minderjährigkeit des Kindes statt, jedoch gleichviel, ob es sich noch vor der Volljährigkeit verheiratet oder sonst einen selbständigen Hausstand errichtet (§§ 1626, 1633; S.G.B. § 1646). Sobald das Kind großjährig wird, erlischt die elterliche Gewalt von selbst. Geht die Mutter eines ihrer elterlichen Gewalt unterworfenen Kindes eine neue Ehe ein, so verliert sie die elterliche Gewalt mit diesem Zeitpunkte. Sie behält dann nur noch das Recht und die Pflicht, für die Person des Kindes zu sorgen. Dagegen ist die Wiederverheiratung des Vaters auf die Dauer seiner elterlichen Gewalt ohne Einfluß (§§ 1697, 1669; S.G.B. § 1892).

c) Ihrem Umfange nach umfaßt die elterliche Gewalt

1. die gesamte gesetzliche Vertretung des Kindes (§ 1630; S.G.B. §§ 1808 ff.), insbesondere auch beim Abschluß von Arbeits- und Dienstverträgen (vgl. E.G. Art. 36 unter III, § 55 der sächsischen A.V.O. vom 6. Juli 1899). Die Vertretung des Vaters ist jedoch in denselben Fällen ausgeschlossen, in welchen sie auch dem Vormunde nicht zusteht (§ 1795, s. XIII f),

2. die Erziehung und Beaufsichtigung des Kindes, sowie die Bestimmung seines Aufenthalts (§ 1631, vgl. auch § 832; S.G.B. §§ 1802 ff.). Um den erzieherischen Zwecken der elterlichen Gewalt zu ihrem Erfolge zu verhelfen, können, nach Befinden auch durch Vermittelung der Vormundschaftsbehörde, angemessene Zuchtmittel angewendet werden. Wird das geistige oder leibliche Wohl des Kindes durch Mißbrauch der elterlichen Gewalt vernachlässigt, so hat das Vormundschaftsgericht die zur Abwendung der Gefahr erforderlichen Maßregeln zu treffen. Es kann namentlich auch anordnen, daß das Kind zum Zwecke der Erziehung in einer geeigneten Familie oder in einer Erziehungs- oder Besserungsanstalt (Bräunsdorf, Sachsenburg, Grünhain) untergebracht wird (§§ 1666 Abs. 1, 1838; S.G.B. § 1803). Die in dieser Richtung ergangenen sächsischen Verordnungen vom 26. Juli 1850, 9. September 1858, 30. Juni 1852, 23. August 1867 und 18. November 1891 sind durch E.G. Art. 135 aufrecht erhalten worden (vgl. § 50 des sächsischen A.Ges. vom 18. Juni 1898, §§ 48, 52 und 53 der sächsischen A.V.O. vom 6. Juli 1899). Auch für die religiöse Erziehung des Kindes bleiben nach wie vor die Landesgesetze maßgebend (E.G. Art. 134), aus

denen ich der Vollständigkeit halber die wichtigsten der hier einschlagenden Bestimmungen wiedergeben will. Kinder, die aus Ehen unter Personen des evangelischen und des katholischen Glaubensbekenntnisses stammen, sind in der Religion des Vaters zu erziehen. Doch können die Eltern unter gewissen Voraussetzungen hierüber nach freiem Ermessen etwas anderes vereinbaren. Dasselbe gilt von angenommenen und solchen Kindern, die durch nachfolgende gemische Ehe legitimiert sind. Uneheliche Kinder werden in der Regel in der Kirche der Mutter getauft und in ihrem Glaubensbekenntnis erzogen. (Vgl. §§ 6, 10, 11 und 18 des sächsischen Gesetzes vom 1. November 1836.) Über die religiöse Erziehung der von Dissidenten abstammenden Kinder entscheidet, solange sie unter vierzehn Jahre alt sind, der Vater. Uneheliche Kinder folgen der Religion der Mutter. Vom vollendeten vierzehnten Lebensjahre an steht es bei einem Religionswechsel der Eltern den Kindern frei, ob sie diesen folgen oder ihre zeitherige Religion beibehalten wollen. (Vgl. § 20 des sächsischen Gesetzes vom 20. Juni 1870, die Einführung des Civilstandsregisters für Personen, welche keiner im Königreiche Sachsen anerkannten Religionsgesellschaft angehören 2c., betr.) In der Schule haben die Kinder von Dissidenten an dem Religionsunterrichte einer anerkannten oder bestätigten Religionsgesellschaft teilzunehmen. Die Wahl der betreffenden Religionsgesellschaft steht den Erziehungspflichtigen frei (§ 6 Abs. 4 des Volksschulgesetzes vom 26. April 1873).

Die neben der Erziehungspflicht dem Inhaber der elterlichen Gewalt obliegende Aufsichtspflicht schließt zugleich die Verpflichtung in sich, für allen Schaden aufzukommen, den das Kind etwa einem Dritten zufügt. Nur durch den Nachweis, daß der Aufsichtspflicht genügt worden ist, oder daß der Schaden auch bei gehöriger Aufsichtsführung entstanden wäre, kann die Ersatzpflicht abgewendet werden (§ 832 Abs. 1; S.G.B. § 779).

Die elterliche Gewalt umfaßt

3. das Recht, die Herausgabe des Kindes von jedem zu verlangen, der es widerrechtlich vorenthält (§ 1632; vgl. S.G.B. § 1807),

4. die Verwaltung des Kindesvermögens. Ausgenommen hiervon ist jedoch das Vermögen, welches dem Kinde von Todeswegen oder unter Lebenden von einem Dritten mit der ausdrücklichen Bestimmung zugewendet wird, daß der Erwerb der Verwaltung des Gewalthabers entzogen sein soll (§ 1638; vgl. S.G.B. § 1811). Auch ist der letztere in der Vermögensverwaltung — abgesehen von seiner Beaufsichtigung durch das Vormundschaftsgericht (vgl. §§ 1639, 1640, 1642 bis 1645; S.G.B. § 1813) — insofern beschränkt, als er in der Regel nicht in Vertretung des Kindes Schenkungen machen

darf (§ 1641). Bewegliche Sachen, insbesondere Inhaberpapier u. s. w., die mit Mitteln des Kindes erworben werden, gehen im Zweifel in das Eigentum des Kindes über (§ 1646; S.G.B. § 1819). Die Vermögensverwaltung des Gewalthabers erlischt, wenn über sein Vermögen Konkurs eröffnet wird (§ 1647; S.G.B. § 1815).

Die elterliche Gewalt umfaßt

5. die Nutznießung am Vermögen des Kindes (§ 1649; S.G.B. § 1811) nach den Grundsätzen des Nießbrauchs (§§ 1652, 1030 ff.; S.G.B. §§ 1811, 660). Kraft dieses Rechts kann der Gewalthaber verbrauchbare Sachen des Kindes für sich selbst verwenden, Geld jedoch nur mit Genehmigung des Vormundschaftsgerichts. Nach Beendigung der Nutznießung ist für die verwendeten Sachen deren Wert zu ersetzen (§ 1653; S.G.B. § 1818). Gehört zu dem der Nutznießung unterliegenden Vermögen ein Erwerbsgeschäft, so gebührt dem Inhaber der elterlichen Gewalt nur der jährliche Reingewinn aus dem Betriebe (§ 1655). Als Gegenleistung für diese Vorteile hat der Gewalthaber die Lasten des Kindesvermögens nach Maßgabe der für den ehelichen Güterstand geltenden Vorschriften zu tragen (§ 1654, vgl. oben IX a). Die Nutznießung endigt mit der Volljährigkeit des Kindes, die Nutznießung am Vermögen der Tochter schon in dem Falle, wenn sie sich mit der erforderlichen elterlichen Einwilligung verheiratet (§ 1661; S.G.B. §§ 1811, 1832, 1833). Durch einen Verzicht erlischt die Nutznießung nur dann, wenn er in öffentlich beglaubigter Form vor dem Vormundschaftsgerichte erklärt wird (§ 1662).

Von jeder Nutznießung ausgeschlossen ist das sog. freie Vermögen des Kindes, nämlich:

aa) Die zu seinem ausschließlichen Gebrauche bestimmten Sachen, insbesondere Kleider, Schmucksachen und Arbeitsgeräte (§ 1650),

bb) was das Kind durch seine Arbeit oder durch den Betrieb eines Erwerbsgeschäfts verdient (§§ 1651 Nr. 1, 112; S.G.B. § 1810),

cc) was dem Kinde von Todeswegen oder unter Lebenden von einem Dritten mit der Bestimmung zugewendet wird, daß der Erwerb der Nutznießung entzogen sein soll (§ 1651 Nr. 2; S.G.B. § 1811).

XIII. Steht ein Minderjähriger nicht unter elterlicher Gewalt — etwa weil er unehelich geboren ist, oder weil beide Eltern gestorben sind, oder weil die elterliche Gewalt verwirkt oder sonst erloschen ist — so hat ihm das Vormundschaftsgericht von amtswegen einen Vormund beizuordnen (§§ 1773 Abs. 1, 1774; S.G.B. §§ 1875, 1884). Dasselbe gilt, wenn die Eltern zwar die elterliche Gewalt ausüben, aber weder in den die Person, noch in den das Vermögen des Minderjährigen betreffenden Angelegenheiten vertretungsberechtigt sind (§§ 1666,

1667, 1670). Ferner dann, wenn der Familienstand des Kindes nicht zu ermitteln ist (§ 1773 Abs. 2). Kommt einer dieser Fälle zur Kenntnis des Standesbeamten, so hat er dem Gericht sofort Anzeige zu machen, damit die Einleitung der Vormundschaft rechtzeitig erfolgen kann (Gesetz über die Angelegenheiten der freiwilligen Gerichtsbarkeit § 48).

a) In der Regel ist für jeden Mündel und, wenn mehrere Geschwister zu bevormunden sind, für alle Mündel nur ein Vormund zu bestellen (§§ 1775, 1778 Abs. 4; S.G.B. §§ 1884, 1886, 1890). Und zwar sind als Vormünder in nachstehender Reihenfolge berufen (§ 1776):

1. wer vom Vater des Mündels,

2. wer von der ehelichen Mutter des Mündels

als Vormund benannt ist. Die Benennung kann, abweichend vom sächsischen Rechte (vgl. S.G.B. § 1886), nur durch letztwillige Verfügung erfolgen (§ 1777 Abs. 3). Sie ist nur dann gültig, wenn der Benennende zur Zeit seines Todes zur vollen Ausübung der elterlichen Gewalt befugt war (§ 1777 Abs. 2).

In Ermangelung einer solchen Anordnung sind berufen:

3. der Großvater des Mündels von väterlicher Seite,

4. der Großvater des Mündels von mütterlicher Seite,

nicht aber, wie nach sächsischem Rechte (vgl. S.G.B. § 1886), auch andere Verwandte.

Handelt es sich um die Bevormundung einer minderjährigen Ehefrau, so ist im Gegensatze zum sächsischen Rechte (S.G.B. § 1885 Nr. 4) der Mann in erster Reihe, handelt es sich um die Bevormundung eines unehelichen Kindes, so ist die Mutter vor dem Großvater berufen (§ 1778 Abs. 3; S.G.B. §§ 1885 Nr. 1, 1890).

b) Unfähig zum Amte eines Vormundes ist, wer wegen Geisteskrankheit (§ 104 Nr. 3) oder wegen Verschwendung oder Trunksucht (§ 114) entmündigt ist (§ 1780; S.G.B. § 1885 Nr. 3). Ingleichen sollen zum Vormunde nicht bestellt werden, wennschon die einmal erfolgte Bestellung dieser Personen wirksam bleibt (§§ 1781 ff.),

1. Minderjährige oder solche Volljährige, deren Entmündigung beantragt ist (§ 1906; vgl. S.G.B. § 1885 Nr. 2, 3);

2. Gebrechliche, insbesondere Taube, Blinde und Stumme (§ 1910);

3. Gemeinschuldner (vgl. oben XII. c. 4.);

4. diejenigen, die der bürgerlichen Ehrenrechte für verlustig erklärt worden sind (St.G.B. § 34 Nr. 6; E.G. Art. 34 Nr. I);

5. diejenigen, die durch Anordnung des Vaters oder der ehelichen

Mutter des Mündels von der Vormundschaft ausgeschlossen worden sind (vgl. S.G.B. § 1887);

6. Frauen, die mit einem anderen als dem ehelichen Vater des Mündels verheiratet sind, falls die Zustimmung von ihren Männern verweigert wird (§ 1783; S.G.B. §§ 1885, 1892).

c) Die Übernahme der Vormundschaft können ablehnen (§ 1786 Abs. 1):

1. Frauen (vgl. S.G.B. § 1897 Nr. 5, wonach zur Zeit nur die Großmutter, nicht aber die Mutter ablehnungsberechtigt ist);

2. wer das sechzigste Lebensjahr vollendet hat (S.G.B. § 1897 Nr. 2);

3. wer mehr als vier minderjährige eheliche Kinde hat, wobei jedoch angenommene Kinder nicht mitgerechnet werden (vgl. § 1736; S.G.B. § 1897 Nr. 3);

4. Kranke oder minder Gebrechliche (vgl. b 2);

5. entfernt Wohnende;

6. wem die Übernahme der Vormundschaft nur gegen Sicherheitsleistung angesonnen wird (§ 1844);

7. wer mit einem anderen zur gemeinschaftlichen Führung der Vormundschaft bestellt werden soll (§ 1778 Abs. 4; S.G.B. § 1897 Nr. 6) und

8. wer bereits mehr als eine Vormundschaft führt (vgl. S.G.B. § 1897 Nr. 1).

Wer die Übernahme der Vormundschaft ohne Grund ablehnt, hat dem Mündel den Schaden zu ersetzen, der infolge der hierdurch etwa eingetretenen Verzögerung der Vormundsbestellung entsteht (§ 1787; S.G.B. § 1899). Auch kann das Vormundschaftsgericht den zum Vormund ausgewählten dreimal in Zwischenräumen von mindestens je einer Woche durch Ordnungsstrafen bis zu dreihundert Mark zur Übernahme der Vormundschaft anhalten (§ 1788; S.G.B. § 1881). Das Ablehnungsrecht erlischt, wenn es nicht vor der Bestellung bei dem Vormundschaftsgerichte geltend gemacht wird (§ 1786 Abs. 2; S.G.B. §§ 1897, 1898).

Liegen keine Ablehnungsgründe vor, so ist jeder zum Vormund ausgewählte Deutsche, sofern seiner Bestellung nicht die schon genannten Unfähigkeitsgründe (s. oben unter b) entgegenstehen, zur Übernahme der Vormundschaft verpflichtet (§ 1785; S.G.B. § 1881). Insbesondere sind Beamte, und das wird Ihnen von besonderem Interesse sein, im Gegensatze zum sächsischen Rechte (S.G.B. § 1897 Nr. 4) künftig nicht mehr ablehnungsberechtigt (§ 1784). Sie bedürfen jedoch zur Übernahme einer Vormundschaft und zur Fortführung einer schon vor dem Amtsantritte übernommenen Vormundschaft der Genehmigung der vorgesetzten Dienstbehörde (sächsisches A.Ges. vom 18. Juni 1898 § 40 Abs. 1). Nur Beamte, die im Ehrenamte stehen oder ausschließlich auf den Bezug von Gebühren angewiesen sind, haben die ihnen übertragenen Vormundschaften ohne vorgängige Genehmigung anzunehmen und fortzuführen (A.Ges. § 40 Abs. 2; vgl. auch Abs. 3 und 4). Also auch die Herren Gemeindebeamten und namentlich die unbesoldeten dürften nach dem 1. Januar 1900 wieder mehr und mehr zu dem Amte eines Vormundes herangezogen werden.

d) Neben dem Vormunde darf nur mit dessen Zustimmung ein Mitvormund bestellt werden (§§ 1778 Abs. 4, 1775, s. c 7; S.G.B. § 1884). Ist dies geschehen, so führen die mehreren Vormünder die Vormundschaft gemeinschaftlich. Das Vormundschaftsgericht kann jedoch die Führung der Vormundschaft nach bestimmten Wirkungskreisen und insbesondere in der Weise verteilen, daß die Sorge für die Person und für das Vermögen des Mündels verschiedenen Vormündern zusteht. Entsteht unter den mehreren Vormündern eine Meinungsverschiedenheit, so entscheidet das Vormundschaftsgericht (§§ 1797, 1798; S.G.B. § 1957 ff.).

e) Neben dem Vormunde kann ferner auch ein Gegenvormund bestellt werden. Die Bestellung eines solchen soll erfolgen, wenn mit der Vormundschaft eine erheblichere Vermögensverwaltung verbunden ist, es sei dann, daß dem Vormunde ein Mitvormund zur Seite steht (§ 1792). Ausgeschlossen ist die Bestellung eines Gegenvormundes, wenn der Vater und bezw. die eheliche Mutter dies bei der Benennung des Vormundes ausdrücklich angeordnet haben (sog. befreite Vormundschaft, §§ 1852 Abs. 1, 1855).

Aufgabe des Gegenvormundes ist es, darauf zu achten, daß der Vormund die Vormundschaft pflichtmäßig führt. Bemerkt er Pflichtwidrigkeiten, so hat er sie sowie jeden Fall, der ein Einschreiten des Vormundschaftsgerichts erheischt, diesem unverzüglich anzuzeigen. Auf Verlangen des Gegenvormundes hat ihm der Vormund über die Führung der Vormundschaft Auskunft zu erteilen und die Einsicht der einschlägigen Papiere zu gestatten (§ 1799). Sie sehen also: Der Gegenvormund des D.G.B. entspricht insoweit im großen und ganzen dem Ehrenvormund des sächsischen Rechts (S.G.B. § 1961). Allein sein Wirkungskreis ist keineswegs, wie derjenige unseres Ehrenvormundes, auf die Beaufsichtigung des Vormundes beschränkt, sondern erstreckt sich, wie ich sogleich ausführen werde, auf die Mitwirkung bei Führung der Vormundschaft selbst.

f) Was die Führung der Vormundschaft anlangt, so hat

der Vormund nach den für die elterliche Gewalt geltenden Vorschriften für die Person und das Vermögen des Mündels zu sorgen, insbesondere den Mündel zu vertreten (§§ 1793, 1800, 1631 ff., vgl. auch §§ 832, 1833; S.G.B. §§ 1922 ff., 1926 ff., 1910 ff.). Nur in bestimmten Fällen (§ 1795; S.G.B. § 1919) findet eine Vertretung des Mündels durch den Vormund nicht statt, nämlich:

1. bei einem Rechtsgeschäfte oder Rechtsstreite zwischen seinem Ehegatten oder seinem Verwandten in gerader Linie einerseits und dem Mündel andererseits, es sei denn, daß das Rechtsgeschäft oder Verfahren ausschließlich auf die Erfüllung einer Verbindlichkeit gerichtet sind,

2. Bei einem Rechtsgeschäfte oder Verfahren, das die Übertragung oder Belastung einer durch Pfandrecht, Hypothek oder Bürgschaft gesicherten Forderung des Mündels gegen den Vormund oder die Sicherung selbst zum Gegenstande hat,

3. bei einem Rechtsgeschäfte oder Verfahren zwischen dem Vormunde in eigner Person oder als Vertreter eines Dritten einerseits und dem Mündel andererseits, es sei denn, daß das Rechtsgeschäft oder Verfahren ausschließlich auf die Erfüllung einer Verbindlichkeit gerichtet ist.

Der Vormund hat ferner das Vermögen des Mündels zu verzeichnen und das Verzeichnis, nachdem er es mit der Versicherung der Richtigkeit und Vollständigkeit versehen hat, dem Vormundschaftsgericht einzureichen. Ist ein Gegenvormund vorhanden, so ist dieser zuzuziehen, und das Verzeichnis von ihm mit der gleichen Versicherung zu versehen (§ 1802; S.G.B. § 1906). Zu Schenkungen ist der Vormund als Vertreter des Mündels nur dann befugt, wenn sie einer sittlichen Pflicht oder der durch den Anstand gebotenen Rücksicht entsprechen (z. B. Gelegenheitsgeschenke, § 1804; S.G.B. § 1947). Eine Verwendung des Mündelvermögens für sich selbst ist ihm natürlich schlechterdings verboten (§ 1805; vgl. S.G.B. § 1937). Verwendet er gleichwohl Mündelgeld für sich, so hat er es von der Zeit der Verwendung ab mit 4% zu verzinsen (§§ 1834, 246; vgl. S.G.B. § 1937: 6%).

Der Vormund hat weiter das zum Vermögen des Mündels gehörende Geld, soweit es nicht zur Bestreitung von Ausgaben bereit zu halten ist, verzinslich anzulegen (§§ 1806, 1807; S.G.B. §§ 1934, 1935). Und zwar gelten als mündelmäßig:

1. Forderungen, für die eine sichere Hypothek an einem inländischen Grundstücke besteht, oder sichere Grundschulden oder Rentenschulden an inländischen Grundstücken;

2. verbriefte Forderungen gegen das Reich oder einen

Bundesstaat sowie Forderungen, die in das Reichsschuldbuch oder in das Staatsschuldbuch eines Bundesstaats eingetragen sind;

3. verbriefte Forderungen, deren Verzinsung von dem Reiche oder einem Bundesstaate gewährleistet ist;

4. Wertpapiere, insbesondere Pfandbriefe, sowie verbriefte Forderungen jeder Art gegen eine inländische kommunale Körperschaft oder die Kreditanstalt einer solchen Körperschaft, sofern die Wertpapiere oder die Forderungen vom Bundesrate zur Anlegung von Mündelgeld für geeignet erklärt sind;

5. Einlagen bei einer inländischen öffentlichen Sparkasse, wenn sie von der zuständigen Behörde des Bundesstaates, in welchem sie ihren Sitz hat, zur Anlegung von Mündelgeld für geeignet erklärt ist. Hier weicht das D.G.B. vom sächsischen Rechte (S.G.B. § 1935 Satz 2) insofern ab, als bisher die Anlegung von Mündelgeld bei jeder Sparkasse erfolgen konnte, die vom Staate bestätigt ist. Indessen hat in Sachsen bereits die Landesgesetzgebung von der ihr durch E.G. Art. 99 gewährten Befugnis zur Abhilfe Gebrauch gemacht und sämtliche Sparkassen, deren Regulative vom Ministerium des Innern genehmigt sind, zur Anlegung von Mündelgeld für geeignet erklärt (§ 36 der sächsischen A.V.O. vom 6. Juli 1899).

Ist die Anlegung des Geldes in der zu 1. bis 5. bezeichneten Weise durch besondere Umstände unmöglich gemacht, so ist es bei der Reichsbank oder bei einer Staatsbank anzulegen (§ 1808; anders S.G.B. § 1936).

Nach dem sächsischen Gesetzentwurfe über die Anlegung von Mündelgeld, der demnächst den Ständen zugehen wird, sollen ferner für mündelsicher erklärt werden:

6. die Schuldverschreibungen, die von einer sächsischen kommunalen Körperschaft oder von einer sächsischen Kirchen- oder Schulgemeinde ausgestellt und entweder von seiten der Inhaber kündbar sind oder einer regelmäßigen Tilgung unterliegen (E.G. Art. 212),

7. die Pfandbriefe und gleichartigen Schuldverschreibungen der Landständischen Bank des königlich sächsischen Markgrafentums Oberlausitz, des Erbländischen ritterschaftlichen Kreditvereins im Königreiche Sachsen und des Landwirtschaftlichen Kreditvereins im Königreiche Sachsen (E.G. Art. 167) und bis auf weiteres

8. die Anlehnsscheine der Kommunalbank des Königreichs Sachsen, die Hypothekenpfandbriefe und Kommunalobligationen der Sächsischen Bodenkreditanstalt in Dresden, die Hypothekenbank- und Anlehnsscheine der Leipziger Hypothekenbank, sowie die

Pfandbriefe der Allgemeinen Deutschen Kreditanstalt in Leipzig.

Für die Mündelmäßigkeit von Hypotheken, Grund- oder Rentenschulden (vgl. § 1807 Abs. 2; s. oben unter 1) werden in demselben Entwurfe im wesentlichen die gleichen Grundsätze aufgestellt, wie sie bereits in S.G.B. § 1935 enthalten sind.

In jedem Falle soll aber der Vormund nur mit Genehmigung des Gegen- oder Mitvormundes und, wenn ein solcher nicht vorhanden ist, mit Genehmigung des Vormundschaftsgerichts Mündelgelder anlegen (§§ 1810, 1811). Auch soll er in der Regel Einlagen bei Sparkassen nur unter der Bedingung machen, daß die Erhebung des dort anzulegenden Mündelgeldes nicht ohne jene Genehmigung des Gegenvormundes oder des Vormundschaftsgerichts erfolgen darf (§ 1809). Die Genehmigung ist weiter erforderlich zur Verfügung über eine Forderung oder über ein anderes Recht, kraft dessen der Mündel eine Leistung verlangen kann (§ 1812; S.G.B. §§ 1941 ff.), z. B. zur Verfügung über eine Hypothek oder über eine Grund- oder Rentenschuld. Dagegen ist der Vormund von jeder Genehmigung entbunden, wenn der Vater bezw. die eheliche Mutter des Mündels dies bei seiner Benennung ausdrücklich angeordnet haben (§ 1852 Abs. 2). Er bedarf überdies auch ohne eine solche Anordnung keiner Genehmigung des Gegen- oder Mitvormundes zur Annahme einer geschuldeten Leistung (§ 1813),

1. wenn der Gegenstand der Leistung nicht in Geld oder Wertpapieren besteht;

2. wenn der Anspruch nicht mehr als dreihundert Mark beträgt (S.G.B. § 1938);

3. wenn Geld zurückgezahlt wird, das der Vormund bei einer für geeignet erklärten Sparkasse angelegt hat;

4. wenn der Anspruch zu den Nutzungen des Mündelvermögens gehört und

5. wenn der Anspruch auf Erstattung von Kosten der Kündigung oder der Rechtsverfolgung oder sonstige Nebenleistungen gerichtet ist.

Andererseits hat der Vormund zu wichtigeren Geschäften stets die Genehmigung des Vormundschaftsgerichts einzuholen (§§ 1819 bis 1822), so namentlich

1. zur Verfügung über ein Grundstück oder ein Recht daran, z. B. zur Verfügung über eine Dienstbarkeit, ein Erbbau- oder Vorkaufsrecht (S.G.B. § 1942);

2. zu einem Vertrage, der auf den entgeltlichen Erwerb eines Grundstücks oder eines solchen Rechtes gerichtet ist;

3. zu einem Vertrage, der den entgeltlichen Erwerb oder die Veräußerung eines Erwerbsgeschäftes betrifft;

4. zu einem Rechtsgeschäfte, durch das der Mündel zu einer Verfügung über sein Vermögen als Ganzes oder über eine ihm angefallene Erbschaft verpflichtet wird (S.G.B. § 1913);

5. zu einem Lehr-, Dienst- oder Arbeitsvertrage, der für längere Zeit als ein Jahr geschlossen wird;

6. zur Aufnahme von Geld auf den Kredit des Mündels.

Die Aufgabe des Vormundes ist also, namentlich wenn größere Vermögensmassen in Frage kommen, keineswegs einfach. Trotzdem findet sich auch im D.G.B. die Bestimmung, daß die Vormundschaft in der Regel unentgeltlich zu führen und nur ausnahmsweise vom Vormundschaftsgerichte eine Vergütung zu gewähren ist (§ 1836; S.G.B. §§ 1954, 1955). Der Vormund kann sogar in die Lage kommen, ganz erheblich in seinen Geldbeutel greifen zu müssen. Er hat, wenn er die ihm obliegenden Pflichten vorsätzlich oder auch nur fahrlässig verletzt, den hierdurch seinem Mündel erwachsenen Schaden aus seiner Tasche zu ersetzen (§ 1833, vgl. § 1787; S.G.B. § 1949). Das Vormundschaftsgericht kann ihn ferner durch Ordnungsstrafen bis zu dreihundert Mark zur Befolgung seiner Anordnungen anhalten (§ 1837 Abs. 2, vgl. § 1788). Günstiger ist ihm das neue Recht nur insofern, als diese Geldstrafen nicht, wie seither (S.G.B. § 1881), im Falle der Uneinbringlichkeit auch noch in Gefängnisstrafen umgewandelt werden können.

Zur Erleichterung der dem Gerichte obliegenden Aufsichtsführung (§ 1837 Abs. 1) hat der Vormund alljährlich oder doch, wenn ihm dies wegen des geringen Umfangs des Vermögens erlaubt wird, wenigstens aller drei Jahre über das Mündelvermögen Rechnung zu legen (§§ 1840 ff.; S.G.B. § 1950). Er ist von dieser Verpflichtung nur dann befreit, wenn er vom Vater bezw. der ehelichen Mutter des Mündels hiervon ausdrücklich entbunden worden ist. Doch hat er auch in solchem Falle nach dem Ablaufe von zwei Jahren oder, wenn ihm dies vom Gericht gestattet wird, von mindestens fünf Jahren, eine Übersicht über das Mündelvermögen einzureichen (§§ 1854, 1855; S.G.B. § 1951). Der Vormund hat dem Gericht außerdem auf Verlangen jederzeit über die Führung der Vormundschaft und über die persönlichen Verhältnisse des Mündels Auskunft zu erteilen, wodurch die seither üblichen Erziehungsberichte ersetzt werden (§ 1839). Erachtet das Vormundschaftsgericht das geistige oder leibliche Wohl des Mündels für gefährdet, so kann es dieses zum Zwecke der Erziehung in einer geeigneten Familie oder einer Erziehungs- oder Besserungsanstalt unterbringen lassen (§ 1838, vgl. § 1666). Hat die Gemeinde, wozu sie künftig mit Genehmigung des Justizministeriums befugt ist, bereits einen Beamten (insbesondere den Anstaltsvorstand, nicht aber eine Privatperson) als Generalvormund für die dort untergebrachten Minderjährigen bestimmt, so erlischt mit deren Unterbringung das Amt des bisherigen Vormundes von selbst (E.G. Art. 136, sächsisches A.Ges. vom 18. Juni 1898 §§ 37 ff., sächsische A.V.O. vom 6. Juli 1899 § 37).

g) Die Vormundschaft endigt ferner, um nur die Hauptfälle anzuführen:

1. mit dem Tode des Mündels oder dem Wegfalle einer der sonstigen Voraussetzungen für die Anordnung der Vormundschaft (§§ 1882, 1773, s. die Einleitung zu Abschnitt XIII; S.G.B. §§ 1964 ff.);

2. mit dem Tode des Vormundes oder seiner Entmündigung (§ 1882; S.G.B. §§ 1972, 1974);

3. mit der Entlassung des Vormundes, die insbesondere einzutreten hat, wenn er das Interesse des Mündels gefährdet (§ 1886, vgl. §§ 1796, 1801; S.G.B. § 1978), oder wenn er seine Enthebung aus triftigen Gründen selbst beantragt (§ 1889; S.G.B. § 1976, vgl. auch § 1977).

In den Fällen 2 und 3 ist selbstverständlich dem Mündel, wenn die Voraussetzungen für seine Bevormundung fortbestehen, an Stelle des ausgeschiedenen Vormundes sofort ein anderer zu bestellen.

h) Auf eine vor dem 1. Januar 1900 bestehende Vormundschaft finden von da ab die Vorschriften des D.G.B. Anwendung. Es erlöschen daher mit diesem Zeitpunkte insbesondere sämtliche Vormundschaften über Minderjährige, die künftig unter die elterliche Gewalt der Mutter treten (E.G. Art. 210, vgl. V.O. des Justizministeriums, das Vormundschaftswesen betr., vom 6. Oktober 1899).

XIV. Um den Gemeinden eine gewisse Mitwirkung bei der Führung der Obervormundschaft zu sichern, hat das D.G.B. die preußische Einrichtung der Gemeindewaisenräte übernommen, die für uns eine völlige Neuerung bedeutet.

Nach § 41 des sächsischen A.Ges. vom 18. Juni 1898 und §§ 38 ff. der A.V.O. vom 6. Juli 1899 sind bei uns für jede Gemeinde ein oder mehrere Gemeindewaisenräte zu bestellen. Für benachbarte Gemeinden können als solche nach Befinden dieselben Personen benannt werden. Die Bestimmung der Zahl der Gemeindewaisenräte und ihre Auswahl erfolgt durch den Gemeinderat und, wo ein solcher nicht besteht, durch die Gemeindeversammlung, und zwar in der für Wahlen dieser Art vorgeschriebenen Weise. Dabei ist für jeden Gemeindewaisenrat zugleich ein Ersatzmann zu bestellen. Nach vollzogener Wahl hat der Gemeindevorstand hiervon dem Vormundschaftsgerichte Mitteilung zu machen, worauf von diesem die Gewählten nach Art der Vormünder zu verpflichten sind. Die Amtszeit des Gemeindewaisenrates, der für seine Thätigkeit gleichfalls keine Vergütung, wohl aber Ersatz der notwendigen Baarauslagen aus der Gemeindekasse beanspruchen kann, beträgt drei Jahre.

Auch der Geschäftsbereich der Gemeindewaisenräte, zu denen übrigens vor allem die Ortsgerichtspersonen heranzuziehen sein werden, ist ein verhältnismäßig umfänglicher. Der Gemeindewaisenrat ist im allgemeinen als Hilfsorgan des Vormundschaftsgerichts gedacht. Erlangt er von einem Falle Kenntnis, in welchem ein Vormund oder Gegenvormund zu bestellen ist, so hat er dies dem Gerichte mitzuteilen und zugleich die zur Bestellung geeigneten Personen vorzuschlagen (§§ 1849, 1779, Gesetz über die Angelegenheiten der freiwilligen Gerichtsbarkeit § 49). Er hat weiter in seinem Bezirke darüber zu wachen, daß die Vormünder für die Mündel, insbesondere für ihre Erziehung und körperliche Pflege, pflichtmäßig Sorge tragen. Mängel und Pflichtwidrigkeiten, die der Gemeindewaisenrat in dieser Hinsicht wahrnimmt, hat er unverzüglich dem Vormundschaftsgerichte anzuzeigen. Die Einreichung regelmäßiger Erziehungsberichte ist zwar auch dem Gemeindewaisenrate nicht zur Aufgabe gemacht. Doch hat er auf Erfordern des Gerichts über das persönliche Ergehen und Verhalten des Mündels Auskunft zu geben. Erlangt er von einer Gefährdung des Mündelvermögens Kenntnis, so hat er auch hiervon dem Gerichte Anzeige zu machen (§§ 1850, 1675). Zur Unterstützung des Gemeindewaisenrates bei Überwachung der Erziehung und körperlichen Pflege von Mündeln unter sechs Jahren oder älteren weiblichen Mündeln können ihm Waisenpflegerinnen beigegeben werden (§ 45 der A.V.O. vom 6. Juli 1899).

Die Aufsicht über die Thätigkeit des Gemeindewaisenrates wird vom Vormundschaftsgericht geführt, das die Befolgung seiner Anordnungen auch insoweit durch Ordnungsstrafen erzwingen kann (§ 46 derselben A.V.O.).

XV. Ebenso neu, wie die Einführung des Gemeindewaisenrates ist für uns diejenige des Familienrates, der gleichfalls dazu bestimmt ist, als Hilfsorgan des Vormundschaftsgerichts zu dienen.

Ein Familienrat soll von dem Vormundschaftsgericht eingesetzt werden, wenn der Vater oder die eheliche Mutter des Mündels die Einsetzung angeordnet hat und die erforderliche Zahl geeigneter Personen vorhanden ist (§ 1858). Er soll ferner bestellt werden, wenn dies von einem Verwandten oder Verschwägerten des Mündels oder vom Vormund oder Gegenvormund beantragt und die Bestellung von dem Vater bezw. der ehelichen Mutter des Mündels nicht untersagt wird (§ 1859). Der Familienrat besteht aus dem Vormundschaftsrichter als Vorsitzendem und aus mindestens zwei, höchstens sechs Mitgliedern, die wiederum vom Gemeindewaisenrat vorzuschlagen sind (§§ 1860, 1849). Über die Bestellung der Mitglieder des Familienrates gelten in der Hauptsache dieselben Vorschriften wie über die Bestellung des Vormundes, nur mit der Abweichung, daß niemand zur Übernahme jenes Amtes verpflichtet ist (§ 1869). Dabei ist jedoch zu beachten, daß der Vormund des Mündels nicht auch noch zum Mitgliede des Familienrates bestellt werden soll (§ 1866 Nr. 1). Selbstverständlich ist auch das Amt eines Familienratsmitgliedes unentgeltlich zu führen, wennschon vom Mündel Ersatz der Auslagen verlangt werden kann (§ 1877).

Was den Wirkungskreis des Familienrates anlangt, so kann ich mich kurz fassen. Er hat durchaus die Rechte und Pflichten, aber auch die Verantwortung des Vormundschaftsgerichts (§ 1872), dessen Stelle er gewissermaßen vertritt. Die Zuständigkeit des Familienrates geht also wesentlich über diejenige des Gemeindewaisenrates hinaus. Es ist das aber ganz natürlich. Denn die gesamte Leitung des Familienrates steht dem Vormundschaftsrichter in seiner Eigenschaft als Vorsitzendem des Rates zu und ruht daher im wesentlichen in der Hand des Vormundschaftsgerichtes selbst.

XVI. Wir haben uns bisher nur mit der Vormundschaft über Minderjährige beschäftigt. Aber auch ein Volljähriger kann, wie Sie wissen, unter Vormundschaft gestellt werden. Nämlich dann, wenn er wegen Geisteskrankheit, Verschwendung oder Trunksucht rechtskräftig entmündigt ist (§§ 6, 1896; sächsisches Gesetz, die Entmündigung und Bevormundung Geisteskranker u. s. w. betr., vom 20. Februar 1882 § 1; C.P.O. §§ 645 ff.). Ist eine erheblichere Gefährdung der Person oder des Vermögens des Volljährigen zu befürchten, so ist er, sobald seine Entmündigung beantragt ist, bereits unter vorläufige Vormundschaft zu stellen (§§ 1906 bis 1908, Gesetz über die Angelegenheiten der freiwilligen Gerichtsbarkeit § 60 Nr. 5; sächsisches Gesetz vom 20. Februar 1882 § 6 Nr. 3, 5).

Im großen und ganzen leiden auf die Vormundschaft über Volljährige die Bestimmungen über die Bevormundung Minderjähriger entsprechende Anwendung (vgl. B.G.B. § 1998). Hervorzuheben ist nur, daß der Vater und die Mutter eines großjährigen Mündels nicht berechtigt sind, einen Vormund zu benennen oder jemand von der Vormundschaft auszuschließen (§ 1898). Eine Ehefrau darf zum Vormunde ihres Mannes auch ohne dessen Zustimmung bestellt werden (§ 1900, vgl. § 1783). Wird der Vater oder die eheliche Mutter des Mündels zum Vormunde bestellt, so unterbleibt in der Regel die Bestellung eines Gegenvormundes, und können auch die sonst nach §§ 1852 bis 1854 zulässigen Befreiungen angeordnet werden (§§ 1903, 1904). Der Vormund hat endlich für die Person des Mündels nur insoweit zu sorgen, als der Zweck der Vormundschaft es erfordert (§ 1901 Abs. 1; sächsisches Gesetz vom 20. Februar 1882 § 5).

XVII. Gleich dem S.G.B. kennt auch das D.G.B. für bestimmte Fälle eine Sondervormundschaft, die sog. Pflegschaft. So erhält

a) derjenige, welcher unter elterlicher Gewalt oder unter Vormundschaft steht, einen Pfleger für solche Angelegenheiten, an deren Besorgung der Gewalthaber oder der Vormund verhindert ist (§ 1909 Abs. 1 Satz 1; S.G.B. 1883). Es gilt dies in erster Linie für die von mir schon angeführten Fälle, in denen die Vertretung des Minderjährigen kraft Gesetzes ausgeschlossen ist (§§ 1630 Abs. 2, 1795, s. oben XII c 1, XIII f.). Ebenso für die Fälle, in denen der Gewalthaber, obgleich ihm die elterliche Gewalt an sich noch zusteht, sie doch in gewisser Hinsicht nicht ausüben darf (vgl. § 1647). Ferner hinsichtlich der Verwaltung des Vermögens, welches dem Minderjährigen von einem Dritten unentgeltlich von Todes wegen oder unter Lebenden mit der Bestimmung zugewendet wird, daß dem Gewalthaber oder dem Vormunde die Verwaltung nicht zustehen soll (§ 1909 Abs. 1 Satz 2, vgl. § 1917).

b) Weiter kann unter Pflegschaft gestellt werden ein Volljähriger, der, weil er taub, blind oder stumm ist, seine Angelegenheiten nicht zu besorgen vermag. Ingleichen kann ein Volljähriger, der infolge geistiger oder körperlicher Gebrechen einzelne seiner Angelegenheiten nicht selbst zu führen im stande ist, hierfür einen Pfleger erhalten. (§ 1910; sächsisches Gesetz vom 20. Februar 1882 § 4).

c) Ein abwesender Volljähriger, dessen Aufenthalt unbekannt ist, erhält für seine Vermögensangelegenheiten, soweit sie der Fürsorge bedürfen, einen sog. Abwesenheitspfleger (§ 1911; S.G.B. §§ 1990 ff.).

d) Auch eine Leibesfrucht — nicht nur, wie nach sächsischem Rechte, diejenige einer Wittwe — bekommt einen Pfleger, soweit die Wahrung ihrer künftigen Rechte in Frage steht (§ 1912, vgl. auch § 1913; S.G.B. §§ 1995 ff.).

e) Endlich kann, und dies ist für uns neu, auch zum Zwecke der Verwaltung und Verwendung eines Vermögens, das durch öffentliche Sammlung zusammengebracht worden ist, ein Pfleger bestellt werden, wenn die zunächst berufenen Personen weggefallen sind (§ 1914).

In allen diesen Fällen finden, da die Pflegschaft sich als eine Unterart der Vormundschaft darstellt, die für diese geltenden Vorschriften im wesentlichen entsprechende Anwendung (§§ 1915 ff., vgl. E.G Art. 210; S.G.B. § 1998).

XVIII. Als letzte Neuerung auf dem Gebiete des Familienrechts ist der Beistand der Mutter bei Ausübung der elterlichen Gewalt zu erwähnen. Das Vormundschaftsgericht hat nämlich der Mutter einen Beistand beizuordnen (§ 1687),

a) wenn der Vater die Bestellung eines solchen von Todeswegen angeordnet hat;

b) wenn die Mutter die Bestellung selbst beantragt;

c) wenn das Vormundschaftsgericht aus besonderen Gründen, insbesondere wegen des Umfangs oder der Schwierigkeit der Vermögensverwaltung oder wegen einer Gefährdung des Vermögens oder des geistigen oder leiblichen Wohles des Kindes, die Bestellung in dessen Interesse für nötig erachtet (vgl. §§ 1666, 1667).

Der Beistand, der gleichfalls nicht selten aus der Zahl der Herren Gemeindevertreter gewählt werden dürfte, ist eine Art Vertrauensmann der Mutter und hat im allgemeinen die Stellung eines Gegenvormundes. Er kann für alle Angelegenheiten der elterlichen Gewalt oder nur für gewisse Arten oder für einzelne Angelegenheiten bestellt werden (§ 1688). Zu einer Vertretung des Kindes ist er in keinem Falle befugt. Macht sich das Einschreiten des Vormundschaftsgerichts nötig, so hat er diesem unverzüglich Anzeige zu erstatten (§ 1689). Zu jedem Rechtsgeschäfte, zu dem ein Vormund der Genehmigung des Gerichts oder des Gegenvormundes bedarf (s. XIII f.), hat auch die Mutter die Genehmigung des Beistandes einzuholen (§ 1690). Überträgt das Vormundschaftsgericht, wie jedoch nur auf Antrag der Mutter zulässig ist, die Vermögensverwaltung ganz oder teilweise auf den Beistand, so stehen ihm die Rechte und Pflichten eines Pflegers zu (§ 1693). Fällt hiernach auch die Anlegung des Mündelgeldes in den Wirkungskreis des Beistandes, so gelten für ihn dieselben Vorschriften, wie für den Vormund (s. XIII f.).

Ich komme nun noch in aller Kürze auf

## E. das Erbrecht,

und zwar zuerst auf

I. die gesetzliche Erbfolge (§§ 1924 ff.; S.G.B. §§ 2011 ff.) zu sprechen, welche eintritt, wenn der Erblasser entweder überhaupt nicht von Todeswegen verfügt hat, oder diese Verfügung unwirksam ist (§§ 1923 Abs. 1, 1953 Abs. 1, 2344 Abs. 1). Was zunächst

a) die Verwandtenerbfolge angeht, so hat sich das Reichsgesetz, abweichend vom sächsischen Rechte, dem sogen. Parentelsystem angeschlossen, das die Verwandten nach Linien zur Erbfolge beruft. Es werden nämlich künftig regelmäßig diejenigen Verwandten, die mit dem Erblasser die näheren Stammeseltern gemeinsam haben, durch solche Verwandte ausgeschlossen, die durch entferntere Stammeseltern mit ihm verwandt sind (vgl. § 1930; S.G.B. §§ 2029, 2030). Hiernach werden folgende fünf Ordnungen (Parentalen, Sippen) unterschieden:

1. die Abkömmlinge des Erblassers (§ 1924; S.G.B. §§ 2026 Nr. 1, 2034 ff.),

zu denen auch die von ihm adoptierten, ferner die legitimierten und der Mutter gegenüber die unehelichen Kinder sowie die Brautkinder gehören. Dabei ist zu bemerken, daß ein zur Zeit des Erbfalles lebender Abkömmling seine eigenen Kinder ausschließt, während im übrigen die Abkömmlinge unter sich nach Stämmen erben. Zu berücksichtigen ist ferner, daß die Abkömmlinge in der Regel verpflichtet sind, alles das einzuwerfen, was sie vor dem Erbfall an Ausstattung, unverhältnismäßigen Zuschüssen sowie Aufwendungen zur Berufsvorbildung erhalten haben (§§ 2050 ff; S.G.B. §§ 2354 ff.).

Sind Abkömmlinge zur Zeit des Erbfalles nicht vorhanden, so fällt die Erbschaft an die Erben zweiter Ordnung, nämlich

2. die Eltern des Erblassers und deren Abkömmlinge (§ 1925; S.G.B. §§ 2026 Nr. 2, 2036 ff.).

Hier findet sich jedoch die Vorschrift, daß die an sich in diese Ordnung fallenden Geschwister des Erblassers ausgeschlossen sind, wenn beide Eltern noch leben. Letztere erhalten dann die Erbschaft allein und zu gleichen Teilen (sogen. Schoßfallrecht). Lebt nur ein Elternteil, so erhält dieser, wenn keine Geschwister des Erblassers vorhanden sind, die ganze Erbschaft, sonst aber — abweichend vom sächsischen Recht (S.G.B. § 2037) — bloß die Hälfte. Die andere Hälfte fällt in diesem Falle nach Stämmen an die Geschwister des Erblassers.

Gesetzliche Erben der dritten Ordnung sind:

3. die Großeltern des Erblassers und deren Abkömmlinge (§ 1926; S.G.B. §§ 2026 Nr. 3, 2040 ff.).

Leben zur Zeit des Erbfalles sämtliche Großeltern noch, so erben sie allein und zu gleichen Teilen. Ist dagegen vor dem Erbfall eines von den Großeltern verstorben, so fällt dessen Viertel — wiederum abweichend vom sächsischen Recht (S.G.B. § 2038 Satz 1) — nach Stämmen an seine Abkömmlinge. Sind Abkömmlinge nicht vorhanden, so kommt jenes Viertel dem anderen Teile des betreffenden Großelternpaares zu. Leben zur Zeit des Erbfalles nur noch väterliche oder mütterliche Großeltern und sind Abkömmlinge der Verstorbenen nicht vorhanden, so erben die überlebenden Großeltern oder ihre Abkömmlinge allein.

Wer in der ersten, zweiten oder dritten Ordnung verschiedenen Stämmen angehört, erhält den in jedem dieser Stämme ihm zufallenden Anteil als besonderen Erbteil (§ 1927; S.G.B. § 2032 Satz 1).

Die vierte Ordnung bilden:

4. die Urgroßeltern des Erblassers und deren Abkömmlinge (§ 1928; S.G.B. §§ 2026 Nr. 4, 2042 ff.).

Leben zur Zeit des Erbfalles noch Urgroßeltern, so erben sie allein, bezw. mehrere, gleichviel welcher Linie, — abermals abweichend vom sächsischen Recht (S.G.B. § 2038 Satz 2 und 3) — zu gleichen Teilen. Leben keine Urgroßeltern mehr, so erbt von ihren Abkömmlingen nur der dem Grade nach nächste Verwandte des Erblassers. Mehrere gleichnahe Verwandte erben zu gleichen Teilen.

Gesetzliche Erben der fünften Ordnung und der ferneren Ordnungen sind ohne Begrenzung

5. die entfernteren Voreltern des Erblassers und deren Abkömmlinge (§ 1929),

die in gleicher Weise berufen werden, wie die gesetzlichen Erben der vierten Ordnung.

Neben der Verwandtenerbfolge besteht

b) Das gesetzliche Erbrecht des überlebenden Ehegatten,

das im wesentlichen nach sächsischem Rechte geordnet ist.

Der überlebende Ehegatte erhält neben Verwandten der ersten Ordnung, also neben Kindern und Enkeln, ein Viertel der Erbschaft. Neben Verwandten der zweiten Ordnung, also neben Eltern, Geschwistern und Geschwisterkindern des Erblassers, ingleichen neben Großeltern erhält er die Hälfte, und zwar im letzterem Falle unter Ausschluß von Onkel und Tanten des Erblassers. Ist niemand von den erbberechtigten Verwandten mehr am Leben, so bekommt der überlebende Ehegatte die ganze Erbschaft, während auch in diesem Falle etwa vorhandene Onkel und Tanten des Erblassers leer ausgehen (§ 1931; S.G.B. §§ 2049 ff.).

Neben Eltern, Geschwistern, Geschwisterkindern und Großeltern des Erblassers fallen dem überlebenden Ehegatten überdies die Haushaltsgegenstände und Hochzeitsgeschenke als sog. Voraus zu (§ 1932). Gehört der überlebende Ehegatte selbst zu den erbberechtigten Verwandten, so erbt er zugleich als Verwandter, wobei der ihm als solchem zufallende Anteil als besonderer Erbteil gilt (§ 1934; S.G.B. § 2056).

Abweichend vom S.G.B. ist auch

II. das Pflichtteilsrecht behandelt, das den Abkömmlingen, und zwar ohne Rücksicht auf ihre Zahl, sowie den Eltern und dem Ehegatten des Erblassers zusteht und stets die Hälfte des Wertes des gesetzlichen Erbteils in Geld beträgt (§ 2303; S.G.B. §§ 2564 ff.). Großeltern, Geschwister und Geschwisterkinder des Erblassers sind von jedem Pflichtteilsrecht ausgeschlossen (vgl. dagegen S.G.B. § 2565).

Wie Sie wissen, kommt das Pflichtteilsrecht nur dann in Anwendung, wenn der Erblasser eine Verfügung von Todeswegen hinterlassen und darin einen Pflichtteilsberechtigten entweder übergangen oder ohne rechtlichen Grund ausgeschlossen hat.

Eine Entziehung des Pflichtteils — im S.G.B. „Enterbung" genannt — kann der Erblasser nach dem D.G.B. anordnen:

a) hinsichtlich eines Abkömmlings (§ 2333; S.G.B. § 2575 ff.),

1. wenn dieser dem Erblasser, dem Ehegatten oder einem anderen Abkömmlinge des Erblassers nach dem Leben trachtet;
2. wenn er sich einer Körperverletzung gegen den Erblasser oder dessen Ehegatten schuldig macht;
3. wenn er gegen sie ein Verbrechen oder ein schweres vorsätzliches Vergehen verübt;
4. wenn er die ihm dem Erblasser gegenüber obliegende Unterhaltspflicht böswillig verletzt (§§ 1601 ff., s. oben D. X.),

und

5. wenn er wider den Willen des Erblassers einen ehrlosen oder unsittlichen Lebenswandel führt;

b) hinsichtlich der Eltern, wenn sich diese einer der zu 1., 3. oder 4. bezeichneten Verfehlungen schuldig machen (§ 2334; S.G.B. § 2575), sowie

c) hinsichtlich des Ehegatten, wenn sich dieser einer Verfehlung schuldig macht, auf Grund deren der Erblasser auf Scheidung klagen kann (§ 2335, 1565 ff., s. oben D. VII; S.G.B. §§ 2582).

III. Die gebräuchlichste Form, von Todeswegen zu verfügen, ist das Testament. Und zwar unterscheidet das Reichsgesetz in erster Linie zwischen dem öffentlichen Testament (§ 2231 Nr. 1; S.G.B. §§ 2092 ff., 2108) und dem Privattestament (§ 2231 Nr. 2; S.G.B. §§ 2084, 2100 ff., 2115).

a) Das öffentliche Testament wird vor einem Richter oder vor einem Notar errichtet und ist entweder

1. ein mündliches,

wenn der Erblasser dem Richter oder Notar seinen letzten Willen zu Protokoll giebt, oder

2. ein schriftliches,

wenn er dem Richter oder Notar eine Schrift überreicht und dabei erklärt, daß sie seinen letzten Willen enthalte (§ 2238 Abs. 1; S.G.B. § 2092). In jedem Falle muß aber der Richter einen Gerichtsschreiber oder zwei Zeugen oder eine Ortsgerichtsperson (E.G. Artt. 149, § 46 des sächsischen A.Ges. vom 18. Juni 1898), der Notar einen zweiten Notar oder zwei Zeugen zuziehen (§ 2233; S.G.B. § 2093).

b) Das Privattestament ist in seiner künftigen Gestaltung eine für Sachsen völlig neue Einrichtung. Es besteht einfach in einer vom Erblasser ohne Zuziehung von Urkundspersonen oder Zeugen unter Angabe des Ortes und Tages eigenhändig geschriebenen und unterschriebenen Erklärung, die er nach Belieben selbst verwahren kann.

Bei alledem ist jedoch zu beachten, daß überhaupt nur derjenige fähig ist, ein Testament zu errichten, welcher das sechzehnte Lebensjahr vollendet hat, während nach sächsischem Rechte in dieser Beziehung das vierzehnte Lebensjahr die Altersgrenze bildet (§ 2229 Abs. 2; S.G.B. § 2066, vgl. auch E.G. Art. 215). Aber auch nach erfülltem sechzehnten Lebensjahre kann derjenige, welcher minderjährig ist oder Geschriebenes nicht zu lesen vermag, weder ein öffentliches schriftliches Testament noch ein Privattestament errichten (§§ 2238 Abs. 2, 2247). Der Gesetzgeber geht hierbei davon aus, daß die für einen solchen Erblasser erforderliche Rechtsbelehrung ihm nur dann gesichert erscheint, wenn er seinen letzten Willen vor einem Richter oder Notar zu Protokoll erklärt. Ein sehr deutlicher Fingerzeig dafür, daß, wer die Vorschriften des Erbrechts nicht genau beherrscht, sich gleichfalls, wenn irgend angängig, nur des öffentlichen mündlichen Testaments bedienen sollte.

Eine dritte Unterart des Testaments — und das wird für Sie von besonderem Interesse sein — ist

c) das sog. Not- oder Dorftestament,

das vor dem Gemeinde- oder Gutsvorstand, gegebenen Falls auch vor hierzu besonders bestellten Ortsgerichtspersonen errichtet werden kann (vgl. § 47 des sächsischen A.Ges. vom 18. Juni 1898 und § 49 Nr. 3 der sächsischen A.V.O. vom 6. Juli 1899, E.G. Art. 150; vgl. S.G.B. §§ 2113 ff.; Reichsmilitärgesetz vom 2. Mai 1874 §§ 44 ff.).

Ist nämlich zu besorgen, daß der Erblasser früher sterben werde, als die Errichtung eines Testaments vor einem Richter oder Notar möglich ist, so kann er das Testament vor dem Vorsteher bezw. der bestellten Ortsgerichtsperson derjenigen Gemeinde oder desjenigen Gutsbezirks errichten, wo er sich gerade aufhält (§ 2249 Abs. 1). Dasselbe gilt, wenn jemand sich an einem Ort befindet, der infolge des Ausbruchs einer Krankheit oder sonstiger außerordentlicher Umstände — ich erinnere Sie an das letzte Hochwasser im Plauenschen Grunde oder denken Sie an Schneeverwehungen — dergestalt abgesperrt ist, daß ein Richter oder Notar nicht oder nur schwer erlangt werden kann (§ 2250).

Wennschon Sie hiernach nur selten in die Notwendigkeit versetzt werden dürften, ein Testament dieser Art aufzunehmen, so wird es für Sie doch erwünscht sein, für alle Fälle darüber unterrichtet zu werden, welche Vorschriften hierbei einzuhalten sind.

Vor allen Dingen müssen zwei Zeugen zugezogen werden, während der Vorsteher selbst bezw. die Ortsgerichtsperson an die Stelle des Richters oder Notars tritt (§ 2249 Satz 2 und 3). Allein nicht jeder Vorsteher, nicht jede Ortsgerichtsperson und nicht jeder Zeuge darf bezw. soll bei Errichtung des Testaments mitwirken (§§ 2249 Satz 3, 2234 ff.). Ausgeschlossen sind überhaupt:

1. der Ehegatte des Erblassers, auch wenn die Ehe nicht mehr besteht;
2. wer mit dem Erblasser in gerader Linie oder im zweiten Grade der Seitenlinie verwandt oder verschwägert ist;

ferner, wenn auch lediglich mit der Folge, daß die betreffende Zuwendung nichtig ist,

3. wer im Testament bedacht wird oder zu einem Bedachten in einem Verhältnisse der zu 1 und 2 bezeichneten Art steht (S.G.B. § 2076).

Weiter ist als Zeuge, und zwar völlig ausgeschlossen,

4. wer zu dem beurkundenden Gemeindebeamten in einem ebensolchen Verhältnisse steht.

Auch sollen womöglich als Zeugen nicht mitwirken:

5. Minderjährige;
6. wer der bürgerlichen Ehrenrechte für verlustig erklärt ist (St.G.B. § 31 ff.);
7. wer für unfähig erklärt ist, als Zeuge eidlich vernommen zu werden (St.G.B. § 161)

und,

8. wer als Gesinde oder Gehilfe im Dienste des beurkundenden Gemeindebeamten steht.

Alle bei Errichtung des Testaments mitwirkenden Personen müssen während der ganzen Verhandlung zugegen sein (§ 2239; S.G.B. § 2093). Was das aufzunehmende Protokoll betrifft, so muß es in deutscher Sprache abgefaßt werden (§ 2240) und die Besorgnis, daß die Zuziehung eines Richters oder Notars nicht mehr möglich sei, ausdrücklich feststellen (§ 2249 Abs. 2). Das Protokoll muß ferner enthalten: Ort und Tag der Verhandlung sowie die genaue Bezeichnung (nicht nur den Namen) des Erblassers und der mitwirkenden Personen (§ 2241 Nr. 1 und 2). Bei Überreichung einer Schrift durch den Erblasser ist auch die erfolgte Übergabe und die Erklärung des Erblassers festzustellen, daß die Schrift seinen letzten Willen enthalte (§ 2241; Nr. 3). Nach Beendigung der Verhandlung muß das Protokoll vorgelesen, vom Erblasser genehmigt und von sämtlichen Beteiligten eigenhändig unterschrieben werden. Erklärt der Erblasser, daß er nicht schreiben könne, so wird seine Unterschrift durch die Feststellung dieser Erklärung im Protokoll, nicht etwa durch ein Handzeichen, ersetzt (§ 2242; S.G.B. § 2094). Schließlich ist das Protokoll nebst Anlagen von dem Vorsteher bezw. der Ortsgerichtsperson in Gegenwart der übrigen Mitwirkenden mit dem Amtssiegel sowie mit einer das Testament näher bezeichnenden und von ihm zu unterschreibenden Aufschrift zu versehen und dem Amtsgericht des betreffenden Bezirks in Verwahrung zu übergeben (§ 2246, sächsische A.V.O. vom 6. Juli 1899 § 49 Nr. 3).

Für den Fall, daß der Erblasser stumm oder sonst am Sprechen verhindert oder der deutschen Sprache nicht mächtig ist, treffen die §§ 2243 bis 2245 besondere Vorschriften (S.G.B. §§ 2098 ff., 2070 ff.).

Hervorzuheben ist noch, daß bei Absperrung des Erblassers durch Krankheit oder sonstige Umstände das Nottestament nach dem Vorgange des sächsischen Rechts auch durch mündliche Erklärung vor drei Zeugen errichtet werden kann (§ 2250; S.G.B. § 2113). Und endlich, daß jedes Nottestament, gleichfalls dem sächsischen Rechte entsprechend, seine Gültigkeit verliert, wenn dessen Errichtung vom Erblasser länger als drei Monate überlebt wird (§ 2252; S.G.B. § 2114; vgl. auch Reichsmilitärgesetz vom 2. Mai 1874 § 44 Nr. 5).

Die Ihnen durch Einführung des Nottestaments zugefallene Aufgabe ist, wie Sie sehen, schon wegen der zahlreichen Formvorschriften, die dabei zu beachten sind, nicht leicht. Hierzu kommt aber, daß Ihnen mit Zuweisung dieser Aufgabe geradezu angesonnen wird, sich mit dem gesamten Erbrecht insoweit vertraut zu machen, als dies für die Aufnahme von Testamenten überhaupt erforderlich ist. Ich will Sie daher, nachdem ich Sie bereits über die gesetzliche Erbfolge und das Pflichtteilsrecht aufgeklärt habe, wenigstens noch auf einige Ausdrücke aufmerksam machen, die das Reichsgesetz im Unterschiede vom sächsischen Rechte gebraucht und die daher auch von Ihnen anzuwenden sein werden, wenn nicht die schwerwiegendsten Mißverständnisse entstehen sollen.

So gebraucht das Reichsgesetz für denjenigen Erben, der für den

Fall eingesetzt ist, daß ein anderer Erbe vor oder nach dem Eintritte des Erbfalles wegfällt, die Bezeichnung „Ersatzerbe", während das sächsische Recht einen solchen Erben „Nacherben" nennt (§ 2096; S.G.B. § 2187). Der „Nacherbe" des Reichsgesetzes fällt dagegen mit dem „Anwärter" des sächsischen Rechts zusammen und bezeichnet denjenigen Erben, der die Erbschaft oder einen Erbteil erst erhalten soll, nachdem zunächst ein Anderer Erbe geworden ist (§ 2100; S.G.B. § 2503). Im Gegensatz zum „Nacherben" nennt das Reichsgesetz denjenigen Erben, der die Erbschaft bis zum Eintritt eines bestimmten Zeitpunktes oder Ereignisses erhalten soll, den „Vorerben" (vgl. § 2105; S.G.B. § 2505). Als letzte Neuerung möchte ich die Bezeichnung „Vorausvermächtnis" erwähnen, unter der das Reichsgesetz das einem Erben zugewendete Vermächtnis unbeschränkt anerkennt, während ein solches, soweit es den Bedachten selbst belastet, nach sächsischem Recht nichtig ist (§ 2150; S.G.B. §§ 2401 ff.).

Um zu den Unterarten des Testaments zurückzukehren, so ist noch

d) das gemeinschaftliche Testament aufzuführen, das — abweichend vom sächsischen Recht (S.G.B. §§ 2196 ff.) — in Zukunft nur noch von Ehegatten errichtet werden kann (§§ 2265 ff.). Im übrigen ist hierfür jede Testamentsform, auch die des Nottestaments zugelassen, und zwar letztere auch dann, wenn die Voraussetzungen dazu nur auf Seiten eines Ehegatten vorliegen (§ 2266).

IV. Was die Auslegung der Testamente betrifft, so enthält das Reichsgesetz, ähnlich wie das sächsische bürgerliche Gesetzbuch (S.G.B. §§ 2155 ff.), in den §§ 2066 ff. eine Reihe Vorschriften. Am wichtigsten für Sie dürfte hiervon die Bestimmung sein, daß, wenn der Erblasser ganz allgemein die Armen ohne nähere Bezeichnung bedacht hat, die öffentliche Armenkasse am letzten Wohnsitze des Erblassers als berufen gilt. Allein sie erhält das ihr Zugewendete im Zweifel nicht zu beliebiger Verwendung, sondern, abweichend vom sächsischen Recht (S.G.B. § 2164), lediglich zur Verteilung an die Armen (§ 2072).

V. Weniger in Übung als das Testament ist eine zweite Gattung der Verfügungen von Todeswegen, nämlich der Erbvertrag (§§ 2274 ff.; S.G.B. §§ 2542 ff.). Ein solcher kann nur persönlich und nur vor einem Richter oder Notar, also nicht in der Form eines Privat- oder Nottestaments geschlossen werden (§§ 2274, 2276). Ungeachtet des Erbvertrags behält der Erblasser, wie nach sächsischem Rechte (S.G.B. § 2548), die Befugnis, über sein Vermögen unter Lebenden frei zu verfügen (§ 2286). Er ist darin nur insofern beschränkt, als er zum absichtlichen Schaden des Vertragserben keine Schenkungen machen und zum absichtlichen Nachteil des Bedachten den Gegenstand eines vertragsmäßigen Vermächtnisses nicht zerstören, beiseite schaffen oder beschädigen darf (§§ 2287, 2288).

VI. Sowohl der gesetzliche, als auch der durch Testament oder Erbvertrag berufene Erbe erwirbt die Erbschaft künftig mit dem Tode des Erblassers ohne weiteres (§§ 1922, 1942). Sie geht auf ihn kraft Gesetzes und nicht erst, wie nach sächsischem Recht, mit dem Antritt über (S.G.B. §§ 2010, 2250). Erklärt aber der Erbe ausdrücklich oder stillschweigend die Annahme der Erbschaft, so hat dies die Wirkung, daß er sie überhaupt nicht mehr ausschlagen kann, während er hierzu sonst regelmäßig noch innerhalb sechs Wochen berechtigt ist (§§ 1943, 1944; S.G.B. §§ 2260, 2264 ff.). Ein Recht, das übrigens ebenso, wie die Befugnis zur Annahme der Erbschaft, vererblich ist (§ 1952, vgl. auch § 2317 Abs. 2; S.G.B. § 2010).

VII. Eine Erbschaft, für die sich nach öffentlicher Aufforderung und Ablauf der darin zu stellenden Anmeldungsfrist weder ein Verwandter noch ein Ehegatte des Erblassers meldet, fällt an den Fiskus als gesetzlichen Erben (§§ 1936, 1965 ff., vgl. auch §§ 1942 Abs. 2, 2104 letzter Satz und 2149 letzter Satz; S.G.B. §§ 2618 ff.). Es bleibt also dabei, daß die sog. erblose Verlassenschaft, wie nach sächsischem Recht (S.G.B. § 2618), nicht den Gemeinden, sondern dem Staate zukommt. Indessen sind durch E.G. Art. 139 die landesgesetzlichen Vorschriften aufrecht erhalten worden, nach welchen außer dem Fiskus auch anderen juristischen Personen in Ansehung des Nachlasses einer verpflegten oder unterstützten Person ein Erbrecht, ein Pflichtteilsanspruch oder ein Recht auf bestimmte Sachen zusteht. Die Ortsarmen-, Kranken- und Waisenhäuser behalten daher ihr Erb- und Pflichtteilsrecht rücksichtlich derjenigen Personen, deren Aufnahme unentgeltlich zu erfolgen hat (S.G.B. §§ 2060, 2617). Insbesondere fallen nach wie vor alle Sachen, welche von den betreffenden Personen in die Anstalt mitgebracht und dort hinterlassen wurden, dieser eigentümlich zu. Auch bewendet es bei demjenigen, was etwa sonst in Ortsstatuten über die Ansprüche der Armenkassen an dem Nachlaß der von ihnen verpflegten und unterstützten Armen festgestellt ist (§§ 68, 69 der sächsischen Armenordnung vom 22. Oktober 1840). Was hiernach für die Ortsarmen-, Kranken- und Waisenhäuser vorgeschrieben ist, gilt nach § 43 des sächsischen A.Ges. vom 18. Juni 1898 auch für die Bezirksanstalten.

VIII. Auch in Nachlaßsachen wird, wie Ihnen bekannt ist, von den Gerichten nicht selten die Hilfe der Herren Gemeindebeamten beansprucht (sächsische A.V.O. vom 24. Juli 1899 § 16, vgl. auch sächsische V.O., die von den Leichenfrauen auszustellenden besonderen Todesanzeigen betr., vom 6. Oktober 1899). Und zwar kommt in dieser Richtung nach dem D.G.B. folgendes in Betracht:

a) die bis zur Annahme einer Erbschaft erforderliche Sicherung des Nachlasses, insbesondere die Anlegung von Siegeln, die Hinterlegung von Geld, Kostbarkeiten oder Wertpapieren, steht an sich dem Nachlaßgerichte zu (§ 1960 Abs. 1). In der Regel wird jedoch das Einschreiten des Gerichts nicht so zeitig erfolgen können, daß jede Gefährdung der Hinterlassenschaft ausgeschlossen ist. Es wird daher in §§ 97 ff. der sächsischen A.V.O. vom 24. Juli 1899 bestimmt, daß die zunächst gebotenen Maßregeln von zwei Ortsgerichtspersonen zu ergreifen sind. Diese haben aber, sobald der Nachlaß gesichert erscheint, dem Gerichte hiervon unverzüglich Anzeige zu machen und etwa vorgefundene Verfügungen von Todeswegen, sowie Geld, Kostbarkeiten und Wertpapiere dorthin abzuliefern.

b) Das Gericht kann ferner bis zur Annahme der Erbschaft, ingleichen dann, wenn der Erbe unbekannt oder, wenn ungewiß ist, ob er die Erbschaft angenommen hat, einen Nachlaßpfleger bestellen § 1960 Abs. 2; S.G.B. § 2247). Dies hat namentlich zu geschehen, wenn die Bestellung zum Zwecke der gerichtlichen Geltendmachung eines Anspruchs gegen den Nachlaß oder zur Befriedigung der Nachlaßgläubiger im allgemeinen (sog. Nachlaßverwaltung) beantragt wird (§§ 1961, 1975, 1981).

c) Endlich kann, wie bisher, der Erblasser durch letztwillige Verfügung einen oder mehrere Testamentsvollstrecker ernennen (§ 2197; S.G.B. 2230), dessen Aufgaben jedoch durch das D.G.B. bedeutend erweitert worden sind. Während er nach sächsischem Rechte (S.G.B. §§ 2237, 2238) nur für die Ausführung des letzten Willens zu sorgen hat, steht ihm nach dem neuen Rechte außerdem regelmäßig noch die gesamte Erbauseinandersetzung und Nachlaßverwaltung zu (§§ 2203 ff.). Dieser Erweiterung seines Wirkungskreises entspricht es, daß der Testamentsvollstrecker für die Führung seines Amtes in Zukunft auch ohne ausdrückliche Anordnung des Erblassers, wenn auch nicht gegen dessen Bestimmung, eine angemessene Vergütung verlangen kann (§ 2221; S.G.B. § 2245). Indessen wird die Ernennung eines Testamentsvollstreckers auch künftig nicht zu oft und allenfalls nur dann geschehen, wenn ein größerer Nachlaß in Frage kommt.

IX. Für die Übergangszeit bestimmt das E.G., daß hinsichtlich der erbrechtlichen Verhältnisse die bisherigen Gesetze maßgebend bleiben, wenn der Erblasser vor dem Inkrafttreten des D.G.B. gestorben ist. Auch die vor diesem Zeitpunkte erfolgte Errichtung oder Aufhebung einer Verfügung von Todeswegen wird nach dem früheren Rechte beurteilt, selbst wenn der Erblasser erst nach dem 1. Januar 1900 stirbt. Das Gleiche gilt für die Bindung des Erblassers bei einem Erbvertrage oder gemeinschaftlichem Testamente, sofern diese vor dem Inkrafttreten des B.G.B. errichtet worden sind (E.G. Artt. 213, 214).

---

Druck von Metzger & Wittig in Leipzig.

Kolibri 360 GmbH
Ferdinand-Jühlke-Straße 7
99095 Erfurt, Deutschland
produktsicherheit@kolibri360.de